Walter Rebell

# Mord auf Euböa

Walter Rebell

# Mord auf Euböa

Roman

Goldene Rakete Verlag für Belletristik

**Imprint**



Cover image: www.ingimage.com

Publisher:
Goldene Rakete Verlag für Belletristik
is a trademark of
International Book Market Service Ltd., member of OmniScriptum Publishing Group
17 Meldrum Street, Beau Bassin 71504, Mauritius
Printed at: see last page
**ISBN: 978-620-0-51978-8**

HOLGER R. FRAGTE SICH HINTERHER, ob er Peter F. nicht schon auf dem Flughafen Athen gesehen hatte. Die beiden waren nämlich etwa zur selben Zeit angekommen, Peter F. aus Frankfurt, Holger R. mit seiner Frau Esther aus Zürich. Zwei Flugzeuge hatten zwei sehr unterschiedliche Männer auf griechischem Boden abgesetzt, aber die hatten ein gemeinsames Ziel: Beide wollten einen Mord begehen. Holger R. allerdings nur auf dem Papier. Als Schriftsteller, den es hinzog zum Ort des Geschehens, der nur schreiben konnte, wenn er wirklich *da* war – da, wo alles stattfinden sollte. Und es sollte auf der Insel Euböa stattfinden. Dort sollte Esther getötet werden.

Esther war es gewohnt, getötet zu werden. Das war ihr schon dreimal passiert. Einmal in Singapur in einem Hotelzimmer, einmal während einer Kreuzfahrt in der Karibik und einmal in Afrika auf einer Löwenfarm. Ermordet werden – das bedeutete für Esther ein Abenteuer, eine Unterbrechung des mittelmäßigen Ehealltags. Ermordet werden – das bedeutete Tage, an denen sich Holger viel mit ihr beschäftigte, an denen er endlich wieder Zeit für sie hatte. Holger R.s Romane waren Bestseller und wurden regelmäßig für die realistischen Mordszenen gelobt. Keiner wusste, dass diese Mordszenen nur deshalb so realistisch waren, weil sie durchgespielt wurden, durchgespielt bis fast zum Ende.

Wenn ein Theologe zum Schriftsteller wird…

«Esther, ich habe es satt. Zum wievielten Mal halte ich jetzt die Vorlesung *Einführung in das Neue Testament*? Zum sechsten Mal. Und wie viele Male werden es noch sein?» - Holger R. knallte das Vorlesungsmanuskript auf den Frühstückstisch, goss sich Kaffee ein, schlürfte die heiße Brühe. «Und auch die Themen der Seminare wiederholen sich: *Ethik bei Paulus*, *Die Christologie des Johannesevangeliums*, *Die Umwelt des Urchristentums…* Ich komme mir vor wie in einem Hamsterrad. Außerdem die endlosen Fakultätssitzungen, sich anhören müssen, wie die Kollegen Kleinigkeiten, die in fünf Minuten erledigt werden könnten, breittreten. Jeder will seinen Senf dazugeben. Ist das mein Leben? Wird nichts Neues mehr passieren?»

Holger R. aß inzwischen sein erstes Brötchen. Esther legte ihre Hand auf seine Schulter. Sie sagte nichts, aber sie dachte nach. Den ganzen Tag über tat sie das. Als Holger R. am Spätnachmittag von der Universität heimkehrte und nach dem Begrüßungskuss in seinem Arbeitszimmer verschwinden wollte, nahm sie ihn bei der Hand und zog ihn ins Wohnzimmer. Hin zu der Bücherwand, wo die Belletristik stand. Stumm blieb sie dort stehen.

Holger R.: «Was soll das? Was willst du mir sagen?»

Esther: «Verstehst du nicht?»

Holger R.: «Nein.»

Esther: «Schreib einen Roman. Das bringt Abwechslung in dein Leben.»

Holger R.: «Einen Roman schreiben?»

Esther: «Genau das. Gönn dir zunächst eine Lesephase. Ein halbes Jahr. Schau, wie die anderen schreiben. Wie ihr Stil ist, wie sie ihre Plots aufbauen. Und dann schreib selber. Versuch es.»

Holger R.: «Literarisch schreiben, so etwas habe ich noch nie gemacht. Nur Fachbücher habe ich verfasst.»

Esther: «Jeder fängt einmal an. Und wenn dir ernst damit ist, aus dem Hamsterrad herauszuwollen, versuchst du es mit dem Schreiben. Du hast nichts zu verlieren.»

Von Universitätsprofessoren wird erwartet, dass sie in ihrem Fachgebiet auf der Höhe des Forschungsstandes bleiben. Dazu müssen sie viel lesen. Sie müssen Zeitschriften lesen, Aufsätze, aber vor allem Bücher, Bücher, Bücher. Was gibt es zum Beispiel Neues zum zweiten Petrusbrief? Aber Moment mal, hat nicht Anton Vögtle schon vor vielen Jahren zu diesem Schreiben alles gesagt? 164 Seiten Kommentar zu 6,5 Seiten Text im griechischen Neuen Testament, da wird jedes Steinchen zigmal umgedreht. So, alles bearbeitet, oder? Nein, natürlich nicht, jedes Jahr erscheinen weitere Bücher zum zweiten Petrusbrief und kauen alles noch einmal durch. Und diesen ganzen Schwachsinn lesen, das heiβt, auf der Höhe des Forschungsstandes bleiben. Kann man drauf verzichten. Bei der Lektüre schlafen einem die Füβe ein.

Auf Holger R.s Schreibtisch lagen seit einiger Zeit keine Bücher zum zweiten Petrusbrief mehr. Auch keine Bücher zu den 26 übrigen Schriften des Neuen Testaments. Auf seinem Schreibtisch lagen Romane. Bei deren Lektüre schliefen Holger R. *nicht* die Füβe ein. Wirklich nicht? Doch, doch, bei der Lektüre vieler dieser Romane schon. Aber Holger R. griff mehr und mehr nach den *spannenden* Büchern. Pascal Mercier, Nachtzug nach Lissabon. Ein Philosophieprofessor, der zum Schriftsteller wurde. Könnte ein Vorbild sein. Etwas zu viel Philosophie in dem Buch. Lieber knapp schreiben, präzise – wie Graham Greene, wie Dürrenmatt. Graham Greene, Der dritte Mann – schon der Titel greift nach dem Leser. Oder auch: Unser Mann in Havanna. Und dann stieβ Holger R. auf die Notiz, Dürrenmatt habe sich von Graham Greene inspirieren lassen. Man sollte besser sagen, er habe dessen Stil abgekupfert.

Holger R.s Bilanz war nach einer Zeit des Lesens: «Ich möchte so schreiben wie Graham Greene und Dürrenmatt. Ich kupfere meinerseits *die beiden* ab.»

Abkupfern, das geht nicht eins zu eins. Man muss trotz der Inspirationen, die man sich bei anderen Schriftstellern holt, seinen eigenen, unverwechselbaren

Stil finden. – Holger R. begann also in Anlehnung an Graham Greene und Dürrenmatt zu schreiben. Er hatte eine vage Idee. Aber er brachte nichts zustande. Sein Papierkorb füllte sich mit zerknüllten Seiten.

«Ich gebe es auf, Esther, ich bin nicht begabt.»

Esther: «Wie weit sind deine Überlegungen? Hast du schon einen Titel? Und kannst du mir den Plot beschreiben?»

Holger R.: «Der Titel könnte lauten: Mord in Singapur. Und der Plot ist so: Ein Schweizer Finanzjongleur macht in Ostasien zwielichtige Geschäfte. Eine Privatdetektivin, von geprellten Kunden engagiert, ist ihm auf den Fersen. In der geheimnisvollen Welt Ostasiens beginnt die Verfolgungsjagd. Der Höhepunkt der Geschichte: Die Privatdetektivin schafft es, die Geliebte des Finanzjongleurs zu werden – so kommt sie ganz nahe an ihn heran. Aber sie spielt mit ihrem Leben. Während einer Liebesnacht in einem Hotelzimmer in Singapur durchsucht der Mann heimlich ihre Handtasche und findet eine Visitenkarte mit ihrer wahren Identität. In einer Panikreaktion stürzt er sich auf die Frau und erwürgt sie.»

Esther: «Nicht schlecht. Beginn mit der Schilderung des Mordes in Singapur. Und wenn der überzeugend geschildert ist, dann beschreib, was vorher geschah und was nachher geschieht.»

Holger R. hatte aufmerksam zugehört. «Ich kann mir hier am Schreibtisch nicht Singapur und auch kein Hotel dort ausmalen», antwortete er. «Und wie das Erwürgen der Frau stattfinden soll – nein, nein, das kriege ich nicht geschildert.»

Und jetzt hatte Esther die Idee, die Holger R. zum Schriftsteller machen sollte: «Wir fliegen nach Singapur. Wir machen ein Rollenspiel: du bist der Finanzjongleur, ich bin die Privatdetektivin. Wir haben eine Liebesnacht im Hotel, du erwürgst mich, und am nächsten Tag schreibst du im Hotelzimmer die Mordszene.»

Holger R. hatte wieder aufmerksam zugehört. «Ja, das machen wir!», rief er. Wie gefährlich Rollenspiele sind, dass man in ihnen sein Leben aufs Spiel setzen kann, wusste er da noch nicht. Die menschliche Psyche kennt keine Rollenspiele. Psychische Prozesse sind immer real. Der Unterschied zwischen Fiktion und Realität ist irgendwann nicht mehr durchzuhalten.

Die junge Dame am Check-in von Singapore Airlines verstand nicht. «Sie wollen als Ehepaar voneinander getrennt sitzen? Mehrere Sitzreihen voneinander getrennt?»

Ja, das wollten Esther und Holger R., das Rollenspiel begann nämlich schon während des Fluges. Esther sah Holger R. nur von hinten, sah nur den kurzgeschorenen grauhaarigen Kopf. Auch von hinten erkannte man den Sportler, von vorne erst recht: kantiger Schädel, keine Fettablagerungen im Gesicht, helle, wache Augen. Die 58 Jahre? Fielen nicht ins Gewicht, Holger R. hielt sich in einem Sportstudio fit und joggte regelmäβig. Esther war in diesen Mann immer noch verliebt, aber er vernachlässigte sie. Das machte die viele

Arbeit. Holger R. hatte sich ausgiebig mit dem zweiten Petrusbrief zu beschäftigen, er wollte ein Seminar zu diesem Schreiben halten, und so kam die Literatur zum zweiten Petrusbrief irgendwann doch wieder auf den Schreibtisch. Außerdem verbrachte Holger R. Stunden und Stunden mit seinen Schreibversuchen. Wann hatte er das letzte Mal mit Esther geschlafen? Da musste man lange zurückgehen. Aber nun saß Esther im Flugzeug und hatte eine Liebesnacht in Singapur vor sich. Der Gedanke daran gab ein prickelndes Gefühl.

Ehealltag in Professorenfamilien. Der Ehemann kommt von der Universität heim, ein schönes Abendessen ist vorbereitet, aber er schlingt alles hastig hinunter und sagt: «Ich muss noch einmal los. Außerplanmäßige Fakultätssitzung, wir müssen die neue Prüfungsordnung besprechen.» Oder: «Ein amerikanischer Kollege ist da. Wir haben kurzfristig ein Abendessen im Restaurant arrangiert.» In diesem Fall hat die Ehefrau *ihr* Abendessen umsonst vorbereitet. Hat sich auch umsonst besonders schön geschminkt, hat sich auch umsonst parfümiert, hat sich auch umsonst erotische Unterwäsche angezogen. So kann es nicht weitergehen! Aber der Ehemann hat ja angefangen zu schreiben, das eröffnet Chancen. Man muss dafür sorgen, dass es erotische Szenen gibt, die sich für Rollenspiele eignen…

Auch Esther ahnte nichts von der Gefährlichkeit von Rollenspielen. Sie wusste nicht, dass sie ihr Leben aufs Spiel setzen würde. Nicht erst auf Euböa, wo Peter F. auftauchte und die Situation nadelspitzenhaft wurde, sondern bereits in Singapur, beim ersten Roman.

Erotik und Tod… In der körperlichen Liebe sucht man das Absolute, und das gibt es erst im Tod. Jeder Geschlechtsverkehr ist ein kleines Sterben. Soll die Erfahrung intensiver werden, muss man es riskieren, näher an den Tod heranzurücken. Würde Esther dazu bereit sein? In Singapur in einem Hotelzimmer?

In einem Roman, der auf Spannung setzt, müssen auch negative Figuren vorkommen. Bösewichte. Mörder zum Beispiel. Auch die Bösewichte entstehen im psychischen Gefüge des Autors, entwickeln, wenn sie erst einmal existieren, ein Eigenleben und müssen dann vom Autor zugelassen werden. Er darf sie nicht auf Distanz halten. Er muss sich mit ihnen identifizieren, sonst bleiben sie farblos. Er muss miterleben, was sie erleben. Taucht im Roman ein Mörder auf, muss der Autor selber dieser Mörder sein. Aus seiner eigenen Tiefe heraus, aus seinen Abgründen heraus muss er selber den Mord begehen – andernfalls braucht er gar nicht erst anfangen zu schreiben. Der Autor lotet also aus, was im Menschen steckt.

In jener Nacht in einem Hotelzimmer in Singapur stieg aus Holger R.s Abgründen ein Mörder empor. Holger R. – ein Mörder? Er war doch ein sehr geachteter Universitätsprofessor. Unbescholten, noch nie mit dem Gesetz in Konflikt geraten. Er war ein liebevoller Ehemann – wenngleich er seine Frau vernachlässigte. Er war auch Vater, hatte eine erwachsene Tochter, zu der er in einer normalen Beziehung stand. Und so ein Mann hat Abgründe, in denen ein Mörder lauert?

Irgendwann in dieser dramatischen Nacht hatte Holger R. also seine Hände um Esthers Hals und würgte. Zunächst tat er das zögernd, tat er es spielerisch, Esther bekam noch genügend Luft. Aber sie zappelte schon, sie wand sich unter dem Würgegriff – spielerisch noch. Sie *spielte* Sterben. War es das Zappeln, das Sich-Winden, das Holger R. zu festerem Zudrücken trieb? Holger R. stellte mit Erschrecken fest, nahm aber dieses Erschrecken nur wie aus weiter Ferne wahr, dass ihm das Würgen der Frau Lust bereitete. Holger R. also ein Lustmörder? So konnte man es sehen. Lustmord, so würde später die Anklage lauten. Die Zeitungen würden schreiben: Unbescholtener Schweizer Theologieprofessor begeht in Singapur Lustmord an seiner Ehefrau. Die Psychologen würden sagen: Wir wissen seit Sigmund Freud und seiner Entdeckung des Unbewussten, dass jeder Mensch zu allem fähig ist.

Und Esther, was sagte sie später über diese Grenzerfahrung? Über diese Erfahrung der Todesnähe, als sie zwei, drei Minuten lang keine Luft mehr bekam? Sie sagte, sie wolle so etwas wieder erleben. Das sagte sie aber nur, weil sich an das Fast-Erwürgen – Holger R.s Hände hatten sich im letzten Moment gelockert – ein Liebesakt anschloss, von dem beide Partner überwältigt waren. So intensiv hatten die beiden noch nie Liebe gemacht. Sie lagen sich heulend und lachend in den Armen, waren wie von Sinnen, konnten voneinander nicht mehr lassen, den ganzen Rest der Nacht nicht. Und am nächsten Tag *schrieb* Holger R. Beschrieb die Mordszene, und sie war packend, mitreißend. Esther war begeistert, und Holger R. wusste: Jetzt bin ich es, ein Schriftsteller.

Der wirkliche Lustmörder lauerte bereits im Hintergrund. Noch nicht im nächsten Roman trat er in Erscheinung, als auf einer Kreuzfahrt in der Karibik die 50 Passagiere eines Luxus-Segelschiffes von Piraten gekidnappt wurden, damit Lösegelder flossen. Der zu Hause gebliebene Ehemann einer Gekidnappten wollte seine Frau nicht wiederhaben; er wollte aber dafür zahlen, dass sie getötet wurde… Das war also noch *keine* Geschichte für Peter F., aber in der nächsten tauchte er auf, die in Afrika spielte. Esther geriet bereits in Afrika in Peter F.s Visier. Als nächstes Mordopfer. Sie geriet nur ins *Visier*, reale Mordpläne schmiedete Peter F. in Afrika noch nicht. Das tat er erst auf Euböa. Aber in Afrika bahnte sich alles an.

«TIERÄRZTIN, WARUM BIN ICH DAS NICHT GEWORDEN? Warum war ich so blöd, mein Studium der Veterinärmedizin nach sechs Semestern abzubrechen?»

Esther hatte an sich Frieden mit dem Studienabbruch geschlossen. So war es nun einmal gewesen – sie wollte damals, schwanger geworden, Holger R. sofort heiraten und dann ganz für das Kind da sein. Für die Tochter. Man könne nicht alles im Leben haben, sagte sie sich, und sie hatte ein harmonisches Familienleben. Aber dann begegnete sie dem Tierarzt Peter F. Sie selber war auch Tierärztin, aber nur in Holger R.s Roman. Realer Tierarzt und fiktive Tierärztin treffen sich auf einer Löwenfarm in Afrika, was soll dabei herauskommen? Es kam nichts Gutes dabei heraus. Es kam etwas *Dramatisches* dabei heraus; auf Euböa befand sich Esther plötzlich am Abgrund. Doch vor Euböa: Afrika.

Lizzy wurde wieder einmal davon geweckt, dass der Löwe Sultan, der in ihrem Bett schlief, zu ihren Füßen, ihren Unterarm in sein Maul nahm und sachte an ihm zog. Das hieß: «Bitte aufstehen, mich aus dem Raum lassen, ich bin durstig, ich will zum Brunnen auf dem Hof.» Lizzy stand schlaftrunken auf, öffnete die Tür, Sultan verschwand, und sie ließ sich wieder auf das lange, sonderangefertigte Bett fallen. Es war erst fünf Uhr, sie wollte noch eine Weile schlafen.

Schlafen, das tat Lizzy, die Löwen-Närrin, nur mit einem Löwen oder einer Löwin im Bett. Alle Tiere der Farm, alle 36, waren so zahm, dass sie zum Schlafen bei Lizzy zugelassen waren. Sie schienen das Schlafen dort zu genießen. Am Abend, wenn Lizzys Schlafengehzeit war, und die Löwen wussten genau um diesen Zeitpunkt, gab es vor der Tür zum Schlafzimmer ein Gedränge. Alle Löwen und Löwinnen wollten mal an der Reihe sein. Manche von den Tieren hatte Lizzy mit der Flasche großgezogen. Andere hatte der Tierarzt Peter F. herbeigeschafft – verletzte Löwen, die in der Wildnis nicht überleben konnten. Er hatte sie mit einem Narkosegewehr betäubt, zusammen mit schwarzen Mitarbeitern auf einen Pick-up geladen und zur Farm gebracht. Dort wurden sie gepflegt, und Lizzy, mit ihrer Begabung, bekam die wilden Tiere in wenigen Wochen zahm – sodass auch sie sich frei auf der Farm bewegen durften und Zugang zu allen Räumen hatten, die samt und sonders ebenerdig lagen. Wenn ein neu auf die Farm gekommener Löwe zum ersten Mal von Lizzy mit ins Bett genommen wurde - das war dann allerdings ein Risiko, und Peter F. sagte zu Lizzy: «Du bist verrückt. Dieser Löwe, diese Löwin könnte dich heute Nacht zerreißen.» - Nein, eine Lizzy zerriss kein Löwe. Jedes Tier der Farm, auch jedes neue, spürte die tiefe Tierliebe dieser Frau. Und liebte zurück. Vor allem mit Lecken. Das war schon fast zu viel, Lizzys Gesichtshaut wurde spröde, und sie musste lachend abwehren: «Nein, nein!» Auch Hochspringen an ihr war delikat, die Löwen wussten ja nicht, wie schwach und verletzlich ein Mensch ist. Löwen sind die einzigen Großkatzen, die in Rudeln leben, und Lizzy gehörte zum Rudel. Sie war die Anführerin. Und musste sich lecken und anspringen lassen. Löwen schlafen auch dicht aneinandergedrängt, deshalb war für die Tiere der Farm das Schlafen in Lizzys Bett nichts Ungewöhnliches. Aber *für einen Menschen* ist das Schlafen mit einem Löwen im Bett ungewöhnlich. Lizzys Vater, ein englischer Millionär, der die Löwenfarm, das Hobby seiner Tochter, finanzierte, befahl, als er erfuhr, was Lizzy da tat: «Du hörst sofort damit auf! Kein Löwe mehr in deinem Bett, oder du kannst die Löwenfarm zumachen. Ich finanziere sie dann nicht mehr.»

Lizzy schlief weiter mit Löwen im Bett und der Vater finanzierte weiter…

An jenem Tag, an dem Lizzy von Sultan um fünf Uhr geweckt worden war, bekam die Löwenfarm eine E-Mail aus der Schweiz. Ein Schriftsteller meldete sich. Er hatte eine Bitte. Er würde gern, so schrieb er, die Schlüsselszene eines Romans auf Lizzys Löwenfarm verfassen. Wäre das möglich? Er würde gut zahlen. Und mit einigen Sätzen stellte er den Inhalt des Romans vor:

*Eine Schweizer Tierärztin arbeitet für ein Jahr auf einer Löwenfarm in Afrika, wo elternlose Jungtiere aufgezogen werden. Elternlos waren die Jungtiere deshalb geworden, weil Wilderer immer wieder Jagd auf Löwen machten. Löwenfleisch war in Asien begehrt und konnte dort teuer verkauft werden. – Die Schweizer Tierärztin hatte von Anfang an das Gefühl, dass auf der Farm etwas nicht stimmte. Dass es ein Geheimnis gab. Sie beschloss, Nachforschungen anzustellen. – Eine Viertelstunde Jeepfahrt von der Farm entfernt befand sich ein Nebengebäude. Das war tabu. Dort wurde nämlich mit den Wilderern Hand in Hand gearbeitet; dort wurden abgeschossene Löwen zerlegt, und ihr Fleisch wurde versandfertig gemacht. – Die Farm hatte also zwei Seiten: Nach außen hin war sie untadelig; sie wurde von internationalen Hilfsorganisationen unterstützt und in den Medien immer wieder gelobt. Aber insgeheim betrieb sie schmutzige Geschäfte. – Die Schweizer Tierärztin kam hinter das Geheimnis, und der Besitzer der Löwenfarm konnte sie nur noch stoppen, indem er sie ermordete. Damit niemand Verdacht schöpfte, wurde der Mord als Betriebsunfall kaschiert. Und Betriebsunfall auf einer Löwenfarm bedeutet, von einem Löwen zerfleischt zu werden ...*

Lizzy las zweimal, dreimal und dachte nach. Ja, so etwas, was der Schriftsteller da beschrieb, gab es in Afrika. Und es gab noch anderes Schlimmes: Löwenfarmen boten reichen amerikanischen «Jägern» für 20.000 Dollar Löwen zum Abschuss an. Man stelle sich vor: Sultan, der Lizzy heute Morgen so sachte geweckt hatte, würde demnächst irgendwo ausgesetzt, 30 Kilometer von der Farm entfernt, und dort wartete schon ein amerikanischer

Jäger. Aber immerhin, Lizzy hätte 20.000 Dollar mehr für den Unterhalt der Farm. Doch sie brauchte das Geld nicht, der Vater zahlte ja. Und Lizzy betrieb ihre Löwenfarm aus Liebe zu den Tieren. Aus Liebe zu verwaisten Junglöwen, zu verletzten erwachsenen Löwen. Die Tiere wurden nach einer gewissen Zeit auch wieder ausgewildert, jedenfalls wurde es versucht. Aber die meisten Löwen kehrten zur Farm zurück. Dort war das Leben leichter als in der Wildnis.

Lizzy sagte sich: «Ja, der Mann kann kommen. Er kann auch seine Frau mitbringen, die für ihn offenbar das Modell der Tierärztin ist. Allerdings darf die Schilderung der Löwenfarm beim Leser nicht den Eindruck erwecken, *meine* Farm könne gemeint sein. Darauf muss ich aufpassen. Aber ich muss die Sache noch mit Peter durchsprechen.»

Am Spätnachmittag, als die Sonne heiß vom Himmel schien, saß auf dem Hof der Löwenfarm ein Mann an einem blankgescheuerten Holztisch und trank ein Bier. Seine Beine lagen übereinandergeschlagen auf dem Tisch. Sein Hut war wegen der Sonne tief ins Gesicht gezogen, aber nicht so tief, dass er nicht mehr hätte lesen können. Er las die E-Mail, die Lizzy von Holger R. erhalten hatte. Immer wieder nickte er zustimmend; was er da las, gefiel ihm. Neben ihm lag Sultan, dem kraulte er dann und wann das Fell.

Vor allem gefiel Peter F., dass dieser Schriftsteller seine Frau Esther mitbringen würde. Ein zweites weißes weibliches Wesen neben Lizzy auf der Farm, wenn auch nur für kurze Zeit, das war doch etwas. Mit Lizzy konnte ein Mann nichts anfangen, die hatte nur ihre Löwen im Sinn. Peter F. existierte für sie nicht als Mann, sondern lediglich als Tierarzt. Aber er war froh, nach dem Gerichtsprozess in Deutschland und der Fast-Verurteilung den Job in Afrika gefunden zu haben. In Deutschland konnte er sich eine Weile nicht sehenlassen, erst mussten sich die Wogen glätten. Dann würde er im Frankfurter Raum vielleicht eine Tierarzt-Praxis aufmachen.

Und dann las Peter F. den Schluss der E-Mail noch einmal. Eine Frau wird von einem Löwen zerfleischt – Peter F.s Augen bekamen einen kalten Glanz. Den für Psychopathen typischen Glanz.

Holger R. konnte es nicht wissen, aber in seinen Roman trat in diesem Augenblick eine weitere Figur. Um mitzuspielen, um die Mordszene mit durchzuspielen. Eine gefährliche Figur war es. Eine, die aus Romanhandlungen, waren sie einmal angelaufen, nicht mehr herausfand. In Singapur hätte Peter F., wenn er an der Stelle von Holger R. gewesen wäre, Esthers Hals nicht wieder losgelassen. Auch nicht, wenn Esther seine Ehefrau gewesen und er sich mit ihr gut verstanden hätte.

Esther. Plötzlich war sie schon da: in Peter F.s Phantasie. Und Sultan neben ihm war nicht mehr ein zahmes Tier der Farm, er war ein frisch eingefangener Wildlöwe. Er stürzte sich auf Esther und zerfleischte sie. Peter F. zitterte vor Erregung, als er sich das ausmalte.

In dieser Nacht schlief Peter F. nicht. Immer wieder durchlebte er, wie Esther zerfleischt wurde. Und durchlebte auch, was im Spessart geschehen war…

*Ein Bauernhof im Spessart, die Geburt eines Kalbes, der Tierarzt ist zugegen. Die junge, attraktive Bäuerin assistiert. Es ist keine leichte Geburt. Von der Unruhe im nächtlichen Stall wird auch der Stier ergriffen. Er schnaubt und stampft mit den Hufen, kann aber nicht zur Gefahr werden, er ist ja angebunden. Die Bäuerin geht hin, um ihn zu beruhigen. Plötzlich ist der Stier nicht mehr angebunden, er hat sich losgerissen. Oder ist das Seil gelöst worden? – Die Bäuerin starb einen qualvollen Tod. Und der Tierarzt Peter F.? Der stand daneben und schaute zu. – Die Polizei verdächtigte Peter F. des Lustmordes, konnte ihm aber nichts nachweisen. Um Ruhe in die Angelegenheit zu bringen, verließ Peter F. Deutschland; er wollte für einige Zeit in Afrika arbeiten.*

Ein hellblauer Pick-up fuhr mit hoher Geschwindigkeit auf einer Schotterstraße durch die Savanne. Staub wirbelte auf. Das Steuer hielt der Tierarzt Peter F., neben ihm saßen Holger R. und Esther. Auf der Ladefläche lagen Koffer und Taschen, Peter F. hatte das Ehepaar am Flughafen abgeholt. Aber das seien ja 300 Kilometer, hatte Holger R. am Telefon zu Lizzy gesagt. Antwort: «Kein Problem, wir sind in Afrika große Entfernungen gewohnt. Und wie wollt ihr anders zu uns kommen? Per Autostopp?»

Hin und wieder verringerte Peter F. die Geschwindigkeit oder hielt gar an. Er deutete dann auf Tiere in der Savanne: Elefanten, Nashörner, Antilopen, Zebras… Und dann das jagende Löwenrudel. Ein Zebra lief zickzack, aber das nützte ihm nichts; es nützte ihm auch nichts, dass es schneller war als die verfolgende Löwin, denn eine zweite Löwin kam von vorne und sprang dem Zebra an den Hals. «Fahren Sie weiter», bat Esther, «ich möchte nicht sehen, wie das Tier zerfleischt wird.»

Peter F. erzählte während der Fahrt von der Farm. Als er zum Auswildern kam, sagte er: «Die auf der Farm großgezogenen Löwen sind später zum Überleben in der Wildnis kaum fähig. Sie schaffen es zwar, ein Tier zu erbeuten, das braucht man ihnen nicht beizubringen, das tun sie instinktiv. Jede Hauskatze jagt Mäuse. Was die ausgesetzten Löwen allerdings nicht wissen, ist, dass sie anfangen müssen zu fressen, während das Beutetier noch lebt. Das lernen die Junglöwen von ihrer Löwenmutter und auf der Farm entfällt dieses Lernen.»

Ein Rudel jagender Löwen. Aber dann, als der Pick-up das Gelände der Farm erreichte, *friedliche* Löwen. Sie näherten sich, sobald der Pick-up zum Stehen gekommen war. Sie umdrängten ihn. «Löwen sind sehr neugierig», sagte Peter F. zu Holger R. und Esther noch im Auto, «sie wollen wissen, wer da kommt.»

Esther: «Ich habe Angst auszusteigen.»

Peter F.: «Ihr müsst den Löwen eure Hände hinstrecken. Damit sie an ihnen schnuppern können. Das ist ihre Art von Sich-Vertrautmachen.»

Esther: «Und wenn sie zubeißen?»

Peter F.: «Das tun sie nicht, hab Vertrauen.»

Wenn ein Tierarzt zum Schriftsteller wird…

Peter F. war bereits in Holger R.s Roman. War es, seitdem er die E-Mail gelesen hatte, in der Holger R. um Erlaubnis zu seinem Kommen bat. Aber es ist etwas anderes, Romanfigur, und etwas anderes, *Autor* zu sein. Peter F. war, als sich Holger R., Esther und er selber anschickten, aus dem Pick-up zu steigen, hinein in die das Fahrzeug umdrängende Löwenmenge, der Autor. Und er hatte es als Autor sehr eilig. Er wollte die Mordszene nicht langsam aufbauen, er wollte keinen Anmarschweg gehen, sondern er sagte sich: «Es soll *jetzt* bereits geschehen. Jetzt, bei Esthers erstem Kontakt mit den Löwen. Ich kann nicht einige Tage warten, ich brauche die Erregung, die mir das Zerfleischtwerden dieser Frau bereitet, sofort.»

Peter F. bekam das Zerfleischtwerden Esthers sofort, aber nur in seiner Phantasie. In seiner kranken Phantasie. Unter einem Vorwand blieb er noch einen Moment im Auto, nur Holger R. und Esther stiegen aus. Es lief ab, was der Tierarzt Peter F., *nicht der Psychopath Peter F.,* vorausgesagt hatte: Die Löwen beschnupperten die hingestreckten Hände und blieben friedlich. Esther brachte es sogar fertig, eine Löwin zu streicheln. Daraufhin schmiegte sich sofort eine zweite Löwin an sie, die ebenfalls gestreichelt werden wollte, dann eine dritte. Löwinnen seien sehr eifersüchtig, würde Lizzy Esther wenig später erklären. «Wenn du eine von ihnen streichelst, kommen sofort andere und wollen, dass du es auch bei ihnen tust. Die männlichen Tiere sind nicht so, sie sind stolzer; sie bitten dich nicht um Streicheleinheiten.»

*Das* war also Esthers erste Begegnung mit den Tieren der Farm: sie streicheln. Nicht: von ihnen zerfleischt werden. Aber für den Psychopathen Peter F., immer noch im Pick-up, stellte sich die Szene anders da: Die Knochen der Frau zersplitterten unter dem Zubeißen der Löwen, ihr Blut floss. Zu vergleichen war die Erregung, in die er geriet, nur mit der Erregung, die er seinerzeit im Spessart bei der Tötung der Bäuerin durch den Stier empfunden hatte.

Irgendwann waren Erregung und Streicheln der Löwinnen vorbei, Peter F., Holger R. und Esther gingen auf die Gebäude der Farm zu. Mehrere Löwen trotteten neben ihnen her. Man muss sich auf einer Löwenfarm daran gewöhnen, dass man nie ohne die Tiere ist. Lizzy zeigte dem Ehepaar die Farm, man ging durch alle Räume, immer waren Löwen dabei, auch in der Küche. Plötzlich machte einer der Löwen einen Satz und saß auf der Anrichte. «Scheuch *du* ihn von dort herunter», sagte Lizzy zu Esther. «Dann weiß er, dass du Autorität hast. Du wirst als Tierärztin einen Platz im Rudel einnehmen, und wir werden dafür sorgen, dass es ein möglichst ranghoher Platz ist.»

So ist das Leben auf einer Löwenfarm. Menschen und Löwen müssen sich zueinander ins Verhältnis setzen.

«Der Löwe heißt übrigens Robin», sagte Lizzy noch.

Esther nahm all ihren Mut zusammen und sagte zu dem Löwen mit scharfer Stimme: «Robin, runter mit dir von der Anrichte!»

Robin verstand genau, was er tun sollte, er wusste ja auch, dass er auf einem verbotenen Platz saβ. Aber er machte keine Anstalten, Esthers Befehl zu folgen. Im Gegenteil: er fauchte und schlug zweimal, dreimal mit einer seiner Pranken durch die Luft.

«Ich habe die Löwen so dressiert, dass sie gehorsam werden, wenn man sie am Ohr zieht», sagte Lizzy zu Esther. «Du musst jetzt also, da Robin deinen Worten keine Beachtung schenkt, einen Schritt weitergehen und den Löwen am Ohr ziehen. Und zwar ziemlich kräftig. Sonst ist deine Autorität für immer verspielt. Und du brauchst doch als Tierärztin Autorität.»

Romanszenen, Romanszenen! Holger R. stand daneben, sagte nichts, aber machte sich Notizen. Er hatte als Schriftsteller immer ein Notizheft dabei. Alles Wichtige hielt er fest. Er würde heute Nacht schreiben, würde eine Romanszene entwerfen, die es in sich hatte: Die Schweizer Tierärztin setzt sich, gleich bei ihrer Ankunft auf der Farm, gegen einen mächtigen Mähnenlöwen durch. Der gehorcht schlieβlich. Widerwillig zwar, aber er gehorcht.

Doch würde Esther überhaupt den Mut aufbringen, einen fauchenden und mit der Pranke schlagenden Löwen am Ohr zu ziehen?

Peter F., wieder Tierarzt und kein Psychopath mehr, redete auch seinerseits auf Esther ein: «Tu das, was Lizzy gesagt hat. Zieh Robin am Ohr.»

Holger R. bekam die gewünschte Romanszene. Die Schweizer Tierärztin zog den Löwen am Ohr, der sprang von der Anrichte und verlieβ auch gleich noch grollend die Küche. «Er ist beleidigt», sagte Lizzy.

Am Abend, als Holger R. und Esther allein in ihrem Gästezimmer waren, sagte Esther zu Holger R.: «Ich bin es wirklich, Holger, ich bin eine Tierärztin auf einer Löwenfarm in Afrika.»

Das Romanschreiben in Afrika konnte beginnen. Esther drehte sich in ihrem Bett auf die Seite, vom Licht weg, und Holger R. würde die nächsten Stunden am Schreibtisch verbringen.

Friedliche Löwen können zum Problem werden. Holger R. brauchte für seinen Roman einen Löwen, der Esther *zerriss*, aber nicht einmal dem aufsässigen Löwen Robin war das zuzutrauen. 36 Löwen auf einer Löwenfarm, und kein Mördertier darunter! Holger R.s Romanschreiben geriet ins Stocken. Er hatte keine Idee, wie jener *Betriebsunfall*, also Esthers Zerfleischtwerden von einem Löwen, inszeniert werden könnte. Er suchte Hilfe bei Peter F. «Kannst du mir einen Ratschlag geben, wie ich diesen *Betriebsunfall* gestalten soll?»

Peter F. war damit offiziell als Mitautor zugelassen. Die Versuchung war groβ, den erbetenen Ratschlag aus seiner psychopathischen Neigung heraus zu geben. Aber das würde Holger R. stutzig machen. Der durfte auf keinen Fall merken, dass ihm, Peter F., die auch nur romanhaft geschilderte Zerfleischung Esthers abgrundtiefe Lust bereiten würde.

Die beiden Männer saβen am blankgescheuerten Holztisch auf dem Hof der Löwenfarm einander gegenüber. Peter F. hatte seine Beine wieder auf den Tisch gelegt, Holger R. die seinen auch. Beide Männer trugen Hüte, vor beiden stand ein Bier und neben Peter F. lag wieder Sultan und wurde gekrault.

«Er sucht mehr Nähe als sonst», sagte Peter F. «Ich glaube, er spürt, dass er in den nächsten Tagen ausgewildert werden soll. Und er hängt doch so sehr an der Farm.»

Holger R.: «Was ist, wenn ich im Roman einen *ausgewilderten Löwen* als Mördertier nehme? Wäre das plausibel?»

Peter F. schüttelte den Kopf: «Nein, die Tiere bleiben zahm. Auch ein ausgewilderter Löwe würde deiner Tierärztin, wenn sie ihm drauβen in der Savanne begegnet, nichts tun.»

Die beiden Männer schwiegen und dachten nach. «Ich hab's!», rief Peter F. und sprang auf. Bei Sultan kam es zu einer Schreckreaktion, er sprang ebenfalls auf. Peter F.: «Wir tauschen diesen Löwen» - seine Hand fuhr durch Sultans Mähne – «gegen einen Wildlöwen aus.»

Holger R.: «Ich verstehe nicht.»

Peter F.: «Überlass die Sache mir, Holger. Ich entwerfe dir eine perfekte Romanszene…»

Die Frau, die schon fünfmal einen hellblauen Pick-up mit einem groβen Stück Fleisch auf der Ladefläche durch die Savanne gesteuert hatte, hin zu einem Hügel mit einer Akazie, in deren Schatten der Löwe Sultan lag und auf seine Mahlzeit wartete, wusste nicht, dass es das letzte Mal war, dass sie Sultan füttern würde. Am nächsten Tag würde sie an jenem Hügel eine böse Überraschung erleben – der Besitzer der Löwenfarm, dessen krumme Geschäfte diese Frau, diese Schweizer Tierärztin, im Begriff war aufzudecken, hatte einen raffinierten Mordplan ersonnen. Sein Gehilfe in diesem Plan war seinerseits Tierarzt, war der Tierarzt der Löwenfarm.

Aber noch stellte sich alles normal dar. Die Tierärztin parkte den Pick-up am Fuβe des Hügels, unter der Akazie lag müde und traurig der Löwe Sultan und hob nicht einmal den Kopf. Er litt an der Einsamkeit, ihm fehlte die Löwenfarm. Die Tierärztin wuchtete das Stück Fleisch von der Ladefläche und zog es den Hügel hoch. «Sultan, deine Mahlzeit ist da!», rief sie, und Sultan hob jetzt endlich den Kopf.

Und wenn auf dem Hügel ein anderer Löwe als Sultan lag? Ein Wildtier? Was würde dann passieren? Was würde passieren, wenn die Tierärztin das Stück Fleisch den Hügel heraufzog? Auch dieser Löwe würde den Kopf heben, aber aus einer Narkose heraus. «Man kann die Dauer der Narkose genau bestimmen», sagte Peter F. zu Holger R. und Esther. «Exakt in dem Moment, wo du, Esther, an dem Hügel eintriffst, erwacht jener Wildlöwe, den der Tierarzt der Farm mit seinem Narkosegewehr betäubt und unter der Hilfe schwarzer Mitarbeiter zu dem Hügel transportiert hat. Du kommst also an dem Hügel an und meinst, auf

Sultan zu stoßen, aber der wurde ausgetauscht. Der erwachende Wildlöwe wird sofort aggressiv, stürzt sich auf dich und zerreißt dich.»

Holger R.: «Genial. Du könntest Romanschriftsteller werden, Peter.»

Holger R. hatte seine Tötungsszene, die er in der nächsten Nacht am Schreibtisch des Gästezimmers darstellen konnte, Peter F. hatte Nahrung für seine kranke, psychopathische Phantasie, nur Esther hatte nichts. Hatte keine Erotik. Hatte in diesem Roman keine Liebesszene mit ihrem Ehemann Holger. Oder ließ sich das noch ändern?

«Lizzy, ich würde gern einmal in deinem Bett schlafen.» Esther wagte es, der Besitzerin der Löwenfarm frank und frei diese Bitte vorzutragen. Lizzy verstand nicht, wie sollte sie auch. Sie fragte: «Hast du Probleme mit deinem Bett im Gästezimmer?»

Esther: «Nein, das ist es nicht. Ich würde übrigens, um das gleich hinzuzufügen, Holger mitnehmen. Auch er hat keine Probleme mit seinem Bett im Gästezimmer, aber trotzdem…»

«Und einen Löwen wollt ihr dazuhaben, am besten Robin.» Das hatte Lizzy einfach nur dahingesprochen – ohne zu ahnen, dass sie auf der richtigen Spur war.

Esther: «Genau so ist es. Robin muss mit ins Bett.»

Lizzy musterte Esther von oben bis unten: «Bist du noch ganz normal? Weißt du, in welche Gefahr ihr euch begeben würdet? Die Löwen der Farm tun *mir* nichts im Bett, aber euch? Vielleicht würden sie auch mit euch friedlich schlafen, vielleicht aber nicht. Und bedenke, dass Robin mein gefährlichster Löwe ist.»

Mit Robin im Bett schlafen. Das ist, wie in Singapur in einem Hotelzimmer von Holger gewürgt werden. Das gibt dieselbe Todesnähe. Das verspricht dieselbe Ekstase. Noch musste Holger überzeugt werden, der ahnte nichts von den Phantasien seiner Frau. Aber bevor Esther mit ihrem Wunsch ihrem Mann zu Leibe rückte, wollte sie Lizzys Einverständnis einholen.

Lizzy musterte Esther noch einmal von oben bis unten, und jetzt schien sie zu verstehen; sie lächelte augenzwinkernd. «Wir könnten ein Probeliegen machen», sagte sie. «Wir gehen zu dritt in mein Schlafzimmer, Robin ist mit dabei, ich lege mich hin, Robin springt aufs Bett und rollt sich zusammen – alles wie sonst. Aber dann machen wir den Austausch: ich wieder raus aus dem Bett, ihr hinein.»

Esther: «Danke, Lizzy. Danke für dein Verständnis und deine Großzügigkeit.»

Jetzt musste noch Holger überzeugt werden. Auch ihm gegenüber wagte Esther nicht, ihr Anliegen geradeheraus zu formulieren, also zu sagen: «Ich würde gern mit dir in einem Bett Liebe machen, in dem ein Löwe schläft. Und zwar der gefährlichste der Farm. Muss das ein Gefühl sein!» Nein, das wagte

Esther nicht zu sagen, sie redete um die Sache herum. Holger verstand irgendwann trotzdem.

Was bewog Holger R. schlussendlich, seine Angst beiseitezuschieben und auf den Wunsch seiner Frau einzugehen? Es war sein schlechtes Gewissen. Er vernachlässigte Esther in hohem Maβe, auch in Afrika, auch hier hatte er nur seine Arbeit im Kopf. Ein Küsschen morgens nach dem Aufwachen, ein Küsschen abends vor dem Schlafengehen, das war alles an körperlichem Kontakt. Konnte man da nicht verstehen, dass Esther mehr wollte? Dass sie ein Abenteuer suchte?

Robin, zusammengerollt am Fuβende des Bettes, blinzelte nur mit den Augen, als die Schläfer wechselten: Lizzy raus aus dem Bett, Holger R. und Esther hinein. Und er schlug mehrmals mit dem Schwanz. Holger R. und Esther hatten ihm vorher noch einmal ihre Hände zum Schnuppern hingestreckt. Das schien ihm zu reichen, um die beiden als Schläfer zu akzeptieren.

«Wer von euch als Erster morgen früh aufwacht, öffnet Robin die Tür», sagte Lizzy zu Holger R. und Esther. «Die Löwen erwachen oft mit Durst und wollen dann zum Brunnen auf dem Hof.»

Lizzy blieb noch eine Weile still im Schlafzimmer stehen. Als sie sich sicher war, dass Robin friedlich bleiben würde, zog sie sich zurück. Esther und Holger R. waren mit dem Löwen allein…

ES IST UNTER PROFESSOREN ÜBLICH, dass man sich gegenseitig die Bücher schenkt, die man geschrieben hat. Man bekommt Freiexemplare vom Verlag, und die reicht man weiter. Holger R. hatte seine Aktentasche mit den Freiexemplaren des Afrika-Romans vollgestopft, für jeden Kollegen eins, und machte sich ans Verteilen. Herbert G., Professor für Altes Testament, bekam sein Exemplar am Nachmittag in der Cafeteria. Dort trank er einen Kaffee und las Zeitung. Holger R. setzte sich, nachdem er höflich um Erlaubnis gebeten hatte, zu ihm. *Höflich sein*, das war im Umgang mit Herbert G. wichtig. Er war ein ungeschlachter Kerl und konnte leicht grob werden, war aber seinerseits sehr empfindlich. Und nahm nie ein Blatt vor den Mund.

«Sie sollten sich überlegen, Herr Kollege, ob Sie Schriftsteller oder Theologe sein wollen», sagte er zu Holger R., als er den Roman in die Hand gedrückt bekam. Beides zusammen, das beißt sich auf die Dauer. Man munkelt schon über Sie im Kollegenkreis. Man hat den Eindruck, dass Sie die Theologie vernachlässigen.»

Das war, als hätte man Holger R. mit einem Holzhammer vor die Stirn geschlagen, er war wie betäubt. Er *saß* glücklicherweise; wenn er gestanden hätte, wäre er getaumelt. «So, so», brachte er mühsam hervor, «man redet über mich.»

Herbert G.: «Nicht nur die Kollegen tun es, sondern auch die Studenten; sie sagen, sie lernten nicht mehr genug bei Ihnen, die Seminare seien schlecht vorbereitet. Ja, ja, so ist es, wenn man seine Zeit mit Schreiben verbringt.»

Holger R. war am Abend jenes Tages zu Hause nicht ansprechbar. Er setzte sich nicht an den Abendbrottisch, wo ihn Esther erwartete, sondern ging ins Schlafzimmer, ließ sich in voller Kleidung aufs Bett fallen und schloss die Augen. Nach einer Weile kam Esther herein, sagte nichts, setzte sich auf die Bettkante und legte ihre Hand auf die ihres Mannes. Der begann irgendwann zu erzählen.

Wann hatte Esther die erlösende Idee? Sie hatte sie sofort, als Holger R. zu erzählen begann. Aber sie ließ ihn zunächst reden, reden, und irgendwann sagte sie: «Schreib einen Roman, einen spannenden Roman, der im Urchristentum spielt. Dann bringst du beides zusammen: Schriftsteller sein und Theologe sein. Den Stoff des Romans kannst du dir in einem deiner Seminare erarbeiten.»

Holger R. saß sofort kerzengerade im Bett, die Trübseligkeit war weg. Esther ordnete an: «So, und nun wird zu Abend gegessen. Bei Tisch können wir dann Pläne schmieden, vielleicht kommt dir da schon eine Schreibidee.»

Der neue Roman sollte genauso spannend werden wie die drei vorangegangenen Romane. «Lass wieder eine Frau ermordet werden», schlug

Esther vor, während sie sich ein Käsebrot machte. «Dieses Szenario hat sich bewährt.»

Holger R., nachdenklich, immer noch bei der Tomatensuppe, sie langsam löffelnd: «Ja, das Szenario hat sich bewährt. Auch die Verkaufszahlen des Afrika-Romans sind wieder sehr hoch. Aber wie kriege ich im Urchristentum glaubhaft den Mord an einer Frau dargestellt?»

Esther: «Auch Christen können Mörder werden – oder nicht?»

Holger R.: «Das Alte Testament ist voll von Mord- und Totschlaggeschichten, das Neue nicht. Dass man einen Christen, ein Gemeindeglied, im Roman zum Mörder macht, müsste sehr, sehr gut motiviert werden.»

Esther: «Psychopathen gibt es und gab es überall. Auch unter Christen. Ein christgewordener Psychopath, der einen Lustmord an einer Frau, einer Christin, begeht – wäre das nicht etwas? Irgendwann ist die fromme Hülle weg, und der wahre Charakter schlägt durch.»

Esther hätte eine andere Idee haben sollen. Mit *dieser* stieβ sie eine Entwicklung an, die später an Dramatik nicht zu überbieten sein würde – wenn nämlich Peter F. sich seinen Platz im Roman-Szenario verschaffen würde. Esther würde dann mit dem Tod bedroht sein. Die *reale Esther*, keine Roman-Esther. Mit Mord würde sie bedroht sein, mit Lustmord. «Mord auf Euböa» - diesen Roman hatte *Esther* zu verantworten. Mit ihrem Gerede von christgewordenem Psychopathen und Lustmord. Einmal in die Welt gesetzt, begannen diese beiden Begriffe in Holger R.s Kopf zu arbeiten. Um sie herum baute sich allmählich ein Roman-Plot auf. «Ich muss mir zunächst erarbeiten, welche Rolle die Frau im Urchristentum spielte», sagte sich Holger R. «Ich muss wissen, wie sie dort gesehen wurde. Natürlich muss ich auch die Umwelt des Neuen Testaments befragen: Wie war die Sicht auf die Frau im Judentum und in der griechisch-römischen Antike? All das könnte Stoff eines Seminars sein. Ein Seminar mit dieser Thematik habe ich noch nie angeboten. Ich werde es gut vorbereiten, die Studenten sollen mir nichts mehr vorwerfen können. Und wenn ich sicheren Boden unter den Füβen habe, wenn mir die Rolle der Frau im Urchristentum klar ist, wird in meiner Phantasie eine Frau auftauchen, die in den Roman-Plot passt, als Hauptfigur. Ich habe das Gefühl, dass es so laufen wird.»

Also: exegetisch-theologische Arbeit, die zugleich zu einem Roman hinführt. Holger R. bot für das Sommersemester ein Seminar mit dem Titel an: «Die Frau im Judentum, in der griechisch-römischen Antike und im Urchristentum». Die Studenten meldeten sich in Scharen an; noch nie war eines von Holger R.s Seminaren so gut besucht gewesen.

*Im Judentum zur Zeit Jesu herrschte die Ansicht, dass die Frau gegenüber dem Mann ein inferiores Wesen mit gröβerer Anfälligkeit zur Sünde sei. In der jüdischen Weisheitsliteratur ist nicht mehr Adam mit seinem Fall Urheber des Unheils, sondern Eva ist die eigentlich Schuldige. «Von einer Frau kommt der*

*Anfang der Sünde, und um ihretwillen sterben wir alle.» Von da aus kann es nicht verwundern, dass überhaupt «die Schlechtigkeit des Mannes besser als die Tugend der Frau» eingeschätzt wird, was durch das Lob der tugendhaften Hausfrau kaum wieder ausgeglichen wird. Frauen gelten als schlecht, listig und dem Geist der Unzucht stärker unterworfen als der Mann.*

*Gerade das hellenistische Judentum bietet viele die Frau deklassierende Aussagen. Typisch ist der Satz des Josephus, dass die Frau in jeder Beziehung minderwertiger als der Mann sei und ihm darum zu gehorchen habe. Auch Philo ist der Ansicht, dass die Frau sinnlich, selbstsüchtig, leichtsinnig und eifersüchtig sei. Männlichkeit ist für ihn das Symbol für das Vernünftige und Ewige, Weiblichkeit hingegen für das Materielle und Vergängliche.*

*Zwar gab es im Judentum auch Stimmen, die in eine andere Richtung wiesen, dass nämlich bei Gott alle gleich seien, aber diese Auffassung kommt gegenüber der Fülle von Äußerungen über die Minderwertigkeit der Frau nicht zum Tragen. Frauen standen auf einer Stufe mit Sklaven und Kindern, und der fromme Jude pries Gott täglich, dass er ihn nicht als Frau erschaffen habe.*

*Es galt als unangebracht, sich lange mit einer Frau zu unterhalten. War es zum Beispiel unbedingt nötig, eine Frau nach dem Weg zu fragen, sollte man das so kurz wie möglich machen. Anstatt zu fragen: «Auf welchem Weg geht man nach Lydda?», sollte man sagen: «Wo nach Lydda?» Und so wird im Midrasch konstatiert: «Noch nie hat Gott sich in ein Gespräch mit einem Weibe eingelassen, außer mit jener Frommen (Sarah), und auch da nur infolge der Verschuldung.»*

*Kein Wunder, dass die Frau auch im Recht und in der Öffentlichkeit unterprivilegiert war und nicht für voll genommen wurde. Ihr Zeugnis vor Gericht wurde nicht als vollgültig angesehen.*

*Auch im religiösen und gottesdienstlichen Leben war die Frau benachteiligt. Bei der Zählung der für einen Synagogengottesdienst notwendigen Personenzahl wurde eine Frau nicht mitgezählt. Frauen durften im Gottesdienst nicht das Gesetz verlesen. Zum Thora-Studium von Frauen heißt es im Jerusalemer Talmud: «Lieber möge die Thora in Flammen aufgehen, als dass sie den Frauen übergeben wird.»*

*Zum Verhältnis zwischen Mann und Frau gab es die rabbinische Meinung: «Ein Mann darf alles machen, was er mit seiner Frau machen will. Gleich dem Fleisch, das aus dem Schlächterladen kommt: Will er es mit Salz essen, so darf er es; gebraten, so darf er es; gekocht, so darf er es; gesotten, so darf er es.» Tertium comparationis ist natürlich die Verfügbarkeit; bei aller Missachtung der Frau war denn doch nicht gemeint, dass man sie braten oder kochen durfte.*

*Ein gewisses Korrektiv zu all diesen despektierlichen Aussagen war die ungebrochene Hochschätzung der Frau als Ehefrau und Mutter. Ferner war die Erinnerung an die großen Frauengestalten des Alten Testaments nicht ohne Wirkung. Und auch die Schöpfungsaussage vergaß man nicht ganz, dass der*

*Mann nicht ohne das Weib und das Weib nicht ohne den Mann erschaffen wurden.*

*In der griechisch-römischen Antike ist die Sicht auf die Frau nicht einheitlich. Einerseits kann man eine Hochschätzung ausmachen, insbesondere der Ehefrau, wie viele Grabinschriften zeigen. Vielerorts ist eine Liberalisierung der Lebensbedingungen der Frau zu erkennen. Frauen begegnen als Künstlerinnen, Herrscherinnen, Philosophinnen, Grundbesitzerinnen. Sie werden als Rechtspersonen aufgewertet. Am positivsten hat aufgrund ihres philosophischen Gleichheitsgrundsatzes die Stoa über die Frau geurteilt.*

*Andererseits bleibt die traditionelle Unterordnung der Frau unter den Mann unverkennbar. Trotz aller Humanisierungstendenzen gelten Frauen als minderwertig. Gelegentlich steigert sich diese abfällige Einschätzung der Frau bis zum offenen Frauenhass. Man denke hier etwa an das gehässige Wort Menanders: «Viele Untiere bevölkern das Land und das Meer, aber das größte Untier ist die Frau.» Diogenes von Sinope sagte einmal, als er Frauen an einem Ölbaum erhängt sah: «Möchten doch alle Bäume solche Früchte tragen.» Die Frau galt letztlich als ein unsterbliches, notwendiges Übel.*

*Wenn man sich diese Einstellung zur Frau in der Umwelt des Urchristentums vor Augen führt, kann man sich vorstellen, wie befreiend die Praxis Jesu auf die Frauen seiner Zeit gewirkt haben muss. Und dass Jesus hier die stringierenden Schemata seiner Zeit gesprengt hat, daran besteht überhaupt kein Zweifel. Trotz offensichtlicher patriarchalischer Tendenzen im Urchristentum schreiben die neutestamentlichen Quellen Jesus selbst kein einziges negatives Wort über die Frau zu. Dies ist bemerkenswert, da die Evangelien zu einer Zeit verfasst wurden, als der Patriarchalisierungsprozess der christlichen Gemeinde schon im Gange war.*

*Jesus selber war in keiner Weise von patriarchalischen Tendenzen bestimmt. Das Gegenteil ist der Fall. So tradiert die älteste Jesusüberlieferung die Jüngerschaft und Zeugenschaft von Frauen, und zwar beiläufig und damit mit umso größerer Selbstverständlichkeit. An der Tatsache, dass in der Jesusbewegung Frauen mit Jesus umhergewandert sind, braucht man also nicht zu zweifeln. Weiterhin kann die Haltung Jesu zur Frau abgelesen werden an Heilungsberichten, in denen Frauen vorkommen und sogar als Typus rechten Glaubens dargestellt werden – das ist alles andere als selbstverständlich. Besonders unterstrichen wird die Treue der Frau in der Jüngerschaft Jesu: Es waren Frauen, die mit Jesus in seinem Leiden ausharrten und Zeugen des leeren Grabes wurden.*

*Die Jüngerschaft der Frau in der Jesusbewegung war deshalb möglich, weil diese im Unterschied zu anderen innerjüdischen Erneuerungsbewegungen nicht exklusiv, sondern inklusiv angelegt war. Alle konnten hinzustoßen, nicht nur wenige, die moralisch und religiös besonders qualifiziert waren. Der egalitäre und herrschaftsfreie Charakter der Jüngergemeinde war die theologische und soziologische Basis für die Anerkennung der Frau als Jüngerin.*

*Noch vieles ließe sich nennen: Es gibt Gleichnisse bei Jesus, in denen er sich verständnisvoll in die Welt der Frau hineinfindet. Er lässt sich von einer Prostituierten eine Huldigung gefallen – undenkbar für einen jüdischen Frommen seiner Zeit. Er bricht einer Kranken zuliebe den Sabbat und schreckt vor der Berührung mit einer unreinen Frau nicht zurück.*

«Mit Jesu Verhalten gegenüber den Frauen kann ich mich identifizieren, aber was später in den Gemeinden geschah: eine Repatriarchalisierung, das lehne ich ab», sagte die Studentin Veronika, wobei sie Holger R. herausfordernd anschaute. «Und mit Paulus fing alles an; er schrieb bekanntlich an die Korinther, dass die Frauen in den Gemeinden zu schweigen haben.»

Ja, das schrieb Paulus. Aber vielleicht auch nicht. Wahrscheinlich nicht. Höchstwahrscheinlich nicht. «Die Sache ist sehr kompliziert», sagte Holger R. zu der militanten Feministin Veronika, die offenbar auch ihren Professor unter «patriarchalisch» einordnete. An die gesamte Runde der Studentinnen und Studenten gewandt, fuhr Holger R. fort: «Wir werden uns die Haltung des Paulus zur Frau anhand der neutestamentlichen Texte ganz genau erarbeiten. Zunächst bitte ich Sie, Apostelgeschichte 2,17 aufzuschlagen. Wer von Ihnen traut sich zu, diesen Vers aus dem Griechischen zu übersetzen?»

«In den letzten Tagen wird es geschehen, spricht Gott, da werde ich von meinem Geist ausgießen über alles Fleisch, und eure Söhne und Töchter werden prophezeien.»

Holger R.: «Wir befinden uns in der Pfingstpredigt des Petrus. Petrus zitiert den Propheten Joel, der verkündet, dass die Gabe prophetischen Redens Männern und Frauen gleichermaßen verliehen werde. Das Urchristentum wendete dieses Joel-Wort auf sich an: Was Joel verheißen hat, ist nun Wirklichkeit; bei uns, in unseren Gemeinden, sind Männer *und* Frauen vom Geist ergriffen. Dieser ganz frühe Impuls ging auch auf Paulus über; auch in seinen Gemeinden waren Männer *und* Frauen charismatisch tätig. Nehmen Sie noch Apostelgeschichte 21,9 hinzu.»

Die Studenten blätterten in ihrem Neuen Testament, schlugen die Stelle auf.

Holger R.: «Paulus geht mit seinen Begleitern in das Haus des Evangelisten Philippus in Cäsarea. Dessen vier Töchter haben die Gabe der Prophetie. Es ist nicht überliefert, dass Paulus die vier jungen Frauen wegen der Ausübung dieser Gabe kritisierte.»

Cäsarea am Meer: prächtige Residenzstadt. Holger R. war mit dem Schiff gekommen, einem römischen Handelssegler, der hatte in dem großen, von Molen geschützten Hafen festgemacht. Holger R. ging durch die Stadt und bewunderte die Monumentalbauten: Augustustempel, Stadion, Amphitheater. Aber er war auf der Suche nach einem bescheideneren Gebäude: nach dem Haus des Evangelisten Philippus. Im Traum ist nichts unmöglich, da kann ein gesuchtes Haus wie von selbst auftauchen, und so stand Holger R. auf einmal *davor*, vor dem Haus des Philippus. Im Traum kann sich auch eine Person an einem anderen Ort befinden als an dem, wo sie hingehört. Esther gehörte ins Doppelbett neben ihren Mann Holger R., aber plötzlich stand sie im Eingang des Hauses des Philippus, ihres Vaters, als eine der vier Töchter. «Ich habe auf dich gewartet, Paulus», sagte sie. «Ich wusste, dass du kommst.»

Holger R.: «Ich bin nicht der Apostel Paulus, Esther. Ich bin Theologe und Romanschriftsteller.»

Esther: «Eine meiner Schwestern hat prophezeit, dass du kommen wirst, um mich zu holen, Paulus. Du brauchst weibliche Verstärkung für deine Gemeinde in Korinth. Du brauchst dort eine weitere Prophetin – als Gegengewicht zu den männlichen Propheten. Und ja, ich komme mit dir, meine Sachen sind schon gepackt. Lass uns noch rasch zu meinem Vater und meinen Schwestern gehen, damit ich Abschied nehmen kann. Und dann begeben wir uns zusammen zu dem römischen Handelssegler, mit dem du gekommen bist. Er legt heute noch zur Rückreise nach Korinth ab.»

Holger R.: «Ja, ich bin gekommen, um dich zu holen, Esther. Ich brauche eine urchristliche Prophetin als Hauptfigur für meinen Roman. Der spielt tatsächlich zunächst in Korinth, aber dann verlagert sich die Handlung nach Euböa.»

Esther: «Nach Euböa?»

Holger R.: «Ja, nach Euböa. Dahin wirst du fliehen.»

Esther: «Fliehen?»

Holger R.: «Du hast richtig gehört. In Korinth wird dir jemand nach dem Leben trachten, und wirst in eine von mir – von Paulus – gegründete Gemeinde auf Euböa fliehen. Um dort in Sicherheit zu sein.»

Esther: «Und wer ist es, der mir nach dem Leben trachten wird? Und warum wird er es tun?»

Holger R.: «Beides weiβ meine Schriftstellerphantasie noch nicht. Das wird sie erst später wissen. Aber eines weiβ sie jetzt schon: Auch auf Euböa wirst du nicht die erhoffte Sicherheit finden.»

Esther, ängstlich: «Was wird dort mit mir geschehen, Paulus?»

Holger R.: «Darf ich dir die volle Wahrheit sagen?»

Esther, tapfer: «Ich ahne sie bereits. Aber sprich aus, was du auszusprechen hast.»

Holger R.: «Du wirst auf Euböa sterben. Du wirst von einem Mann ermordet werden. Sag, bist du trotzdem bereit, Hauptfigur meines Romans zu werden?»

Esther, all ihren Mut zusammennehmend: «Ich bin es. Ich gehe mit dir nach Korinth, Paulus. Und was dann geschieht – ich nehme es aus Gottes Hand. Auch wenn es mein Tod ist. Mein Abschied von meinem Vater Philippus und meinen Schwestern wird also ein Abschied für immer sein.»

Holger R., im Doppelbett, tastete nach der Hand seiner Frau. «Du darfst nicht sterben, Esther», flüsterte er im Traum. Er wachte von dem Flüstern auf, schweiβgebadet. «Auf was für eine Spur bin ich da geraten», dachte er – noch halb im Traum, halb bei Bewusstsein. «Aber ich muss weitermachen, ich komme von dieser Spur nicht mehr runter. Ich muss meine Hauptfigur auch *Esther* nennen, ist ja schließlich ein biblischer Name.»

*Prophetinnen in den paulinischen Gemeinden? Oder: Frauen haben in den Gemeinden zu schweigen? Was stimmt? Um Klarheit zu gewinnen, setzt man am besten bei dem Gleichheitsgrundsatz Galater 3,28 an: «Da ist weder Jude noch Grieche, Sklave noch Freier, Mann noch Frau; denn ihr seid alle einer in Christus Jesus.» Hier ist er von Paulus ausformuliert, der von Jesus kommende egalitäre Impuls: Männer und Frauen sind gleichwertig. Gleichwertig auch, so sollte man annehmen, im Dienst in der Gemeinde. Lässt sich diese Annahme an Texten bestätigen? Der wichtigste Hinweis steht im ersten Korintherbrief, Kapitel 11. Paulus ordnet hier an, dass eine Frau, wenn sie in der Gemeinde betet oder prophezeit, ihr Haupt verhüllt haben soll. Um das Verhüllen des Hauptes geht es ihm - und nur sozusagen nebenbei erfahren wir, dass Frauen in der Gemeinde beteten und prophezeiten. Dadurch, dass diese Aussage nur beiläufig gemacht wird, ist sie umso gewichtiger; in den paulinischen Gemeinden war es selbstverständlich, dass Frauen sich zu Wort meldeten.*

*In Römer 16,7 übermittelt Paulus Grüße an eine Apostelin namens Junia. Weibliche Apostel im Urchristentum! Man hat in der Kirchengeschichte allerdings nicht glauben wollen, dass Junia eine Frau war, und man hat durch Anfügen eines s aus Junia einen Mann gemacht: Junias. Das ist eindeutig falsch. Der hypothetische Name Junias ist in der Antike nirgendwo belegt, während die weibliche Form Junia allein in römischen Inschriften mehr als 250-mal vorkommt.*

*Und was hat es mit dem berühmt-berüchtigten «Frauen haben in den Gemeinden zu schweigen» auf sich? Im ersten Korintherbrief, Kapitel 14, heißt es tatsächlich: «Die Frauen sollen in den Gemeindeversammlungen schweigen. Denn es ist ihnen nicht gestattet zu reden, sondern sie sollen sich unterordnen, wie auch das Gesetz sagt. Wenn sie etwas lernen wollen, sollen sie zu Hause ihre Männer fragen. Denn es ist für eine Frau eine Schande, in der Gemeindeversammlung zu reden.»*

*Die meisten Neutestamentler gehen davon aus, dass hier der Einschub eines Späteren vorliegt, der Paulus korrigieren will. Der Apostel kann nicht in 1 Kor 14 über die Frauen etwas anderes sagen als drei Kapitel vorher; einmal: beten und prophezeien, dann: schweigen – das passt nicht zusammen. Und es gibt noch weitere Argumente dafür, dass in 1 Kor 14 eine zweite Hand am Werk ist.*

*Aber 1 Timotheus 2,11-12 geht doch in dieselbe Richtung wie die schlimmen Verse aus 1 Kor 14: «Die Frau soll sich stillschweigend in aller Unterordnung belehren lassen. Zu lehren gestatte ich der Frau nicht. Sie soll auch nicht über den Mann herrschen wollen, sondern sich still verhalten.» - Der erste Timotheusbrief gehört zu den Pastoralbriefen; die geben zwar vor, von Paulus geschrieben worden zu sein, sind es aber nicht. Sie führen in eine spätere Zeit, als das Christentum sich zu verbürgerlichen und seiner Umwelt anzupassen begann. Der emanzipatorische Impuls Jesu verebbte, Repatriarchalisierung war angesagt. – Zusammenfassend konnte Holger R. seiner Studentin Veronika, der militanten Feministin, also sagen: «Ja, Repatriarchalisierung gab es im Urchristentum, leider; aber Paulus selber ist noch frei davon.»*

«WEDER UNZÜCHTIGE NOCH GÖTZENDIENER, noch Ehebrecher, noch Weichlinge, noch Knabenschänder, noch Diebe, noch Habsüchtige, noch Trunkenbolde, noch Lästerer, noch Räuber werden Anteil haben am Reiche Gottes. Und Leute dieser Art seid ihr, einige von euch, gewesen. Doch ihr seid reingewaschen, ihr seid geheiligt, ihr seid gerechtfertigt worden im Namen des Herrn Jesus Christus und im Geiste unseres Gottes.»

Paulus nimmt im ersten Korintherbrief, Kapitel 6, kein Blatt vor den Mund. Er ruft den Korinthern in Erinnerung, wer sie, jedenfalls einige von ihnen, früher waren. Ist diese Aufzählung nicht übertrieben? Nein, die Hafenstadt Korinth galt im Altertum als Sündenpfuhl. Und aus dem Gesindel, das sich am Hafen herumtrieb, fand auch der eine oder andere den Weg in die Gemeinde. Er brachte, wie könnte es anders sein, seine Vergangenheit mit. Aber diese Leute waren ja jetzt reingewaschen, geheiligt, gerechtfertigt. Waren sie es? Was hatte Esther – die wirkliche Esther, Holger R.s Frau – vor einiger Zeit gesagt: «Irgendwann ist die fromme Hülle weg, und der wahre Charakter schlägt durch.»

Das fromm gewordene Gesindel vom Hafen glotzte die neue Prophetin Esther, Tochter des Evangelisten Philippus, blöde an. Die sah sofort durch die fromme Hülle hindurch, und das spürten die Leute. Paulus hatte Esther in die Gemeinde eingeführt, hatte sie vorgestellt und gesagt: «Diese junge Frau ist von Gott erwählt, um hier bei euch prophetisch zu reden. Hört auf sie und tut, was sie sagt.» Dann war Paulus wieder abgereist, und nun stand Esther allein da. Allein? Nein, sie war herzlich aufgenommen worden und hatte bald Freundinnen, wurde auch in die Familien eingeladen, und sie fühlte sich in der korinthischen Gemeinde wohl. Aber ihr Amt als Prophetin versah sie mit unerbittlicher Klarheit, und das führte zu Konflikten…

Ein Spätsommerabend. Die korinthische Gemeinde versammelte sich zum Gottesdienst, nach und nach trafen die Leute ein. Versammlungsort war das Haus des Stephanas, und Stephanas war auch der Leiter der Gemeinde. Paulus hatte ihn liebevoll seine «Erstlingsfrucht von Achaia» genannt, und als erster Bekehrter war er ganz natürlich in das Amt des Leiters hineingewachsen. Sein Haus war geräumig, es bot Platz für alle Gemeindeglieder, und Stephanas stellte es gern zur Verfügung. Es war schön, mit Innenhof, mit Brunnen, Stephanas war nicht unbegütert, er verdiente als Stadtschreiber genügend Geld. Esther, die neue Prophetin, hatte Wohnung bei Stephanas gefunden, und dessen Frau Lydia war eine ihrer Freundinnen geworden. Die beiden waren «Schwestern im Herrn» - aber eben auch dies: Freundinnen.

Es war ein schwüler Abend. Über dem Golf von Korinth zogen sich dunkle Wolken zusammen, Gewitterwolken. Stephanas war noch nicht im

Versammlungsraum, er ging im Innenhof umher – mit zerfurchter Stirn, er dachte über ein Problem nach. Er wartete auf Esther, mit der wollte er dieses Problem vor dem Gottesdienst besprechen. Wo blieb sie nur? Er setzte sich auf den Rand des Brunnens und trank etwas Wasser, kühlte auch seine Stirn. Aus dem Versammlungsraum, der inzwischen fast gefüllt war, drangen fröhliche Stimmen in den Innenhof, auch Lachen war zu hören. Der Himmel jedoch wurde immer dunkler, das Gewitter rückte heran. Schon war, wenn auch noch in der Ferne, Donnergrollen zu hören. Und zuckten über dem Golf von Korinth nicht bereits die ersten Blitze?

Esther erschien und setzte sich neben Stephanas auf den Brunnenrand. Auch sie trank etwas Wasser und kühlte ihre Stirn. Dann drehte sie sich zu Stephanas hin und schaute ihm geradewegs in die Augen.

Dieser durchdringende Blick! Dieser Blick, dem nichts verborgen zu bleiben schien! Stephanas konnte den Augenkontakt mit Esther nie lange aushalten. Dabei hatte er von Esther nichts zu befürchten. Er hatte sein Leben vor Gott in Ordnung gebracht, und sollte etwas Dunkles auftauchen, war er bereit, sich korrigieren zu lassen. Es ging in dem nachfolgenden Gespräch auch gar nicht um ihn, es ging um den Bruder Silvanus.

Silvanus gehörte zu denen, die Esther blöde anglotzten. Er war ein einfacher, grobschlächtiger Kerl, Hafenarbeiter. Schiffe beladen und entladen, das war seine Aufgabe. Eines Tages war er von der Gerichtspredigt des Apostels Paulus getroffen worden und zusammengebrochen. Er hatte sein sündiges Leben im Lichte Gottes gesehen – sein Leben als Knabenschänder. Furcht vor göttlicher Strafe hatte ihn überkommen, er wollte aus der Sünde heraus. Die Gemeinde nahm ihn mit weit ausgebreiteten Armen auf, und er war nun reingewaschen, geheiligt, gerechtfertigt.

War er das immer noch?

«Man munkelt, er laufe wieder Knaben nach», sagte Esther zu Stephanas.

Stephanas: «Ich weiß, ich weiß.»

Esther: «Ich werde heute Abend ein prophetisches Wort zu Silvanus empfangen. Noch kenne ich dessen Inhalt nicht; Gott hat mir bisher lediglich gesagt, dass ich mich während der Versammlung an Silvanus wenden und ihn vor allen Gemeindegliedern bloßstellen muss.»

Stephanas wandte seine Augen von Esther ab. Er blickte auf den staubtrockenen Boden des Innenhofs. Bald würde hier Regen niederprasseln, Gewitterregen. Eine kühle Brise war bereits zu spüren. Gewitter auch im Versammlungsraum? Wenn Esther ihren Mund auftat? Es hatte schon eine Reihe solcher von ihr ausgelösten Gewitter gegeben. Aber musste das nicht sein? Neigten Christen nicht zum Rückfall in ihr altes Leben? Und brauchten dann ein prophetisches Mahnwort?

Stephanas versuchte nicht, Esther von dem prophetischen Angriff auf Silvanus abzubringen. Er wusste, dass Esther nichts anderes tun würde, als einen göttlichen Auftrag zu erfüllen. Aber er war in Sorge.

Esther – die wirkliche Esther, Holger R.s Frau – sagte: «Ich bin auch in Sorge» und legte kopfschüttelnd die Manuskriptseiten, die Holger R. ihr zu lesen gegeben hatte, aus der Hand.

Holger R., verwundert: «Weshalb bist du in Sorge?»

Esther: «Mir gefällt der Ausdruck *prophetischer Angriff* nicht. Ich bin keine Theologin, bin aber Bibelleserin, schlage jedenfalls die Bibel hin und wieder mal auf, und nach dem, was ich verstanden habe, geschah in den urchristlichen Gemeinden alles *in Liebe*. Sehe ich das recht?»

Die Ehefrau, Nicht-Theologin, korrigiert den Professor für Neues Testament. Holger R., ohne zu zögern: «Ja, Esther, man muss die Liebe ins Spiel bringen. Von meiner Prophetin Esther muss Liebe ausgehen. Gut, dass du mir das sagst. Dem Kapitel 14 des ersten Korintherbriefs, das vom urchristlichen Gottesdienst handelt, geht das große Kapitel über die Liebe voran. Damit deutet Paulus an, dass alles, was im Gottesdienst geschehen soll, eine Manifestation der Liebe ist.»

Esther: «Wie hat man sich den Ablauf eines urchristlichen Gottesdienstes eigentlich vorzustellen?»

Holger R.: «Auf keinen Fall war es ein Predigtgottesdienst. Ein höchst kommunikatives Geschehen fand statt, Paulus schrieb der korinthischen Gemeinde: Wenn ihr euch versammelt, so hat jeder einen Psalm oder eine Lehre, eine Offenbarung, eine Zungenrede oder eine Auslegung. All das soll der Erbauung dienen.»

Stephanas hatte, als er Christ geworden war, für teures Geld eine Rolle mit den Schriften des Alten Bundes erworben. Regelmäßig brachte er sie mit in die Versammlung und las daraus vor. Für jenen Spätsommerabend, an dem Silvanus von der Knabenschänderei abgebracht werden sollte, hatte er den Text ausgewählt: «Verachtet war er und von den Menschen gemieden, ein Mann von Schmerzen, leiderfahren; wie einer, vor dem man sein Angesicht verhüllt, verabscheut, von niemandem beachtet. Aber wahrlich, unsere Krankheiten hat er getragen, unsere Schmerzen hat er auf sich geladen. Doch wir hielten ihn für einen Geschlagenen, den Gott getroffen und gebeugt hat. Er ward durchbohrt um unserer Sünden willen, zerschlagen für unsere Missetaten. Zu unserem Frieden lag die Strafe auf ihm; durch seine Striemen ist uns Heilung geworden.»

Nachdem Stephanas den Text verlesen hatte, blieb es lange still im Raum. Alle kannten den Text, der vom Propheten Jesaja stammte, aber er tat immer wieder neu seine Wirkung.

«Wie treffend der Prophet die Erlösungstat unseres Herrn Jesus Christus vorausgesagt hat», meldete sich eine Schwester zu Wort. Und ein Bruder sagte: «Lasst uns Jesus noch einmal innigst für seine Erlösungstat danken. Darf ich euch im Gebet leiten?»

Zustimmendes Gemurmel, und der Bruder erhob seine Stimme zu einem überschwänglichen Dankgebet.

Psalmengesänge folgten. Der Lieblingsgesang der Gemeinde durfte nicht fehlen: «Würdig bist du, unser Herr und Gott, Preis und Ehre und Macht zu empfangen; denn du hast das All geschaffen, durch deinen Willen wurde es.» Mehrere Male hintereinander ertönte dieses Lied im Versammlungsraum, und es nahm die Gemeindeglieder so gefangen, dass sie das niedergehende Gewitter nicht bemerkten. Nur Silvanus bemerkte es, er sang ja auch nicht mit; seine Kehle war wie zugeschnürt; die Sünde trennte ihn von Gott und von seinen Schwestern und Brüdern.

Benutzte Gott das Gewitter, um Silvanus in einen Zustand der Furcht zu versetzen und ihn so auf das prophetische Wort Esthers vorzubereiten? Ein Blitzeinschlag ganz in der Nähe, Silvanus zuckte zusammen, Schweiß trat auf seine Stirn. Und da kam es, das prophetische Wort der neuen Prophetin: «Silvanus, du bist als kleiner Junge von zwei älteren Kameraden missbraucht worden.» Pause. Esther wartete die Wirkung des Wortes ab. Stille im Raum, unterbrochen von den Donnerschlägen des Gewitters. Was hatte Esther da gesagt? Woher konnte sie wissen, was Silvanus in seiner Kindheit widerfahren war? *Sie* konnte es nicht wissen, natürlich nicht. Der Geist Gottes hatte es ihr offenbart. Silvanus stand auf, wollte etwas sagen, bewegte die Lippen, brachte aber kein Wort hervor, fiel zurück auf die Sitzbank, drohte mit dem Oberkörper nach vorne zu schlagen, wurde von dem Bruder neben ihm gehalten und stammelte: «Ja, so war es, ich bin als kleiner Junge von zwei älteren Kameraden missbraucht worden.»

Esther, verständnisvoll: «Und deshalb hast du dich dein Leben lang an Knaben gerächt. Du hast sie deinerseits missbraucht. Eine Zeitlang nicht, nach deiner Bekehrung, aber jetzt tust du es wieder.»

Silvanus, schluchzend: «Ja, so ist es.»

Hatte auch das Gewitter zum Geständnis des Silvanus beigetragen? Dann konnte es jetzt abflauen, und das tat es tatsächlich. Zur Stille innerhalb des Versammlungsraums trat die äußerliche Stille, man spürte den Frieden Gottes. In diesen Frieden hinein sagte Esther: «Bruder Silvanus, unser Herr Jesus Christus heilt deine seelischen Verletzungen. Er befreit dich auch von dem Zwang, dich an Knaben rächen zu müssen. Denk daran, wie Jesus während seines Erdenwandels Menschen geheilt hat. Er heilt weiterhin, als Auferstandener, und auch du gehörst zu den Geheilten. So kannst auch du jetzt deinen Mund zum Lob Gottes öffnen.» Und an die ganze Gemeinde gerichtet, sagte Esther: «Lasst uns noch einmal das Loblied von vorhin singen.»

Jetzt sang Silvanus mit, und dabei rannen ihm dicke Tränen über die Wangen: «Würdig bist du, unser Herr und Gott, Preis und Ehre und Macht zu empfangen; denn du hast das All geschaffen, durch deinen Willen wurde es.»

«SILVANUS AKZEPTIERE ICH NICHT ALS meinen Mörder, ich will einen anderen.» Esther gab Holger R. die Manuskriptblätter zurück und fuhr fort: «Du hast diese Romanfigur so angelegt, dass aus ihr kein überzeugender Frauenmörder werden kann. Silvanus ist auf den richtigen Weg gebracht worden, den verlässt er nicht mehr.»

Holger R.: «Aber ich dachte…»

Esther: «Du dachtest, du hättest in Silvanus deine männliche Hauptfigur gefunden, den künftigen Lustmörder. Hast du aber nicht. Trotzdem: Silvanus bereichert deinen Roman. Er kann auch später immer wieder auftreten, muss aber mit sich selber stimmig bleiben. Romanfiguren haben ein Eigenleben; sind sie einmal da, kann der Schriftsteller nicht mehr alles mit ihnen machen, was er will. Sie tun, was *sie* wollen.»

Die Frau des Schriftstellers Holger R. belehrte den Schriftsteller Holger R. So, wie vor einigen Tagen die Frau des Theologen Holger R. den Theologen Holger R. belehrt hatte.

Esther: «Du musst dich anstrengen und einen wirklichen Psychopathen auftreten lassen. Wie ich dir schon sagte: einen christgewordenen Psychopathen, dem ein Lustmord an einer Frau zuzutrauen ist – wenn die fromme Hülle fällt und der wahre Charakter durchschlägt. Von so einem lasse ich mich dann gerne töten.»

Holger R. stöhnte: «Schreiben ist schwer; mir fällt ein glaubwürdiger christlicher Psychopath nicht ein.»

Esther: «Der Mann muss Vergangenheit haben; er muss sich in seiner vorchristlichen Zeit als Frauenfeind hervorgetan haben, und dann trifft er auf eine starke Frau in der Gemeinde… Fang am besten mit der vorchristlichen Zeit dieses Mannes an. Später gerät er dann in Konflikt mit Esther, und es knallt. Ab dann ist Esther gefährdet, ab dann läuft die Geschichte auf ihren Tod zu. Auf ihren Tod in der Christengemeinde von Euböa. Und wir beide, wir reisen nach Euböa. Wir verbringen dort unseren Sommerurlaub und lassen die Mordszene vor Ort konkret werden.»

Holger R., mehr zu sich selber als zu Esther: «Möchten doch alle Bäume solche Früchte tragen…»

Esther: «Was redest du da?»

Holger R.: «Ich habe den Philosophen Diogenes von Sinope zitiert, den berüchtigten Zyniker. Als er einmal Frauen an einem Ölbaum erhängt sah, tat er diesen Ausspruch: *Möchten doch alle Bäume solche Früchte tragen*. Damit ist der Gipfel der antiken Frauenfeindschaft erreicht.»

Esther schnappte nach Luft: «Unerhört, unerhört. Aber wiederum: Das ist ein Anknüpfungspunkt für dich. So, und mehr kann ich dir nicht sagen, schließlich bist du der Schriftsteller. Geh mit deinem Manuskript wieder in dein

Arbeitszimmer und lass mich hier im Wohnzimmer in Ruhe meinen Film zu Ende sehen.»

Holger R. hatte eine resolute Frau geheiratet. Manchmal wurde er von ihr nach Strich und Faden abgefertigt, und konnte er dann nicht…? War dann nicht die Anwandlung da, ihr…? Oh, Holger R., auch in dir, in deinen Tiefen, lauert etwas. Aber nie, nie wird es zum Vorschein kommen. Auf *dem Papier*, da wird allerdings ein Mann entstehen, der fähig ist, einer Frau den Hals umzudrehen.

Dürfen in eine Christengemeinde auch Soldaten aufgenommen werden? «Nein!», hatten viele Gemeindeglieder Korinths seinerzeit gesagt. «Soldaten haben blutige Hände; solche Menschen haben bei uns nichts zu suchen.»

«Jesus wäscht auch die blutigen Hände von Soldaten rein», hatten andere Gemeindeglieder gesagt.

«Das stimmt», hatten die Leute der ersten Gruppe erwidert, «aber nach der Reinigung haben die Hände rein zu bleiben. Soldaten müssen jedoch immer wieder in den Krieg ziehen und sich die Hände neu besudeln.»

Man hatte sich nicht einigen können. Man hatte den Hauptmann Herodion, der sich bekehrt hatte und in Korinth Gemeindemitglied werden wollte, lange hingehalten. Eines Tages kam er mit der Nachricht: «Ich bin nun Veteran! Ich bin vorzeitig aus der römischen Armee ausgeschieden!» Da allerdings war die Aufnahme in die Gemeinde kein Problem mehr. Da bekam Herodion unter den korinthischen Christen seinen Platz zugewiesen, einen Platz ganz vorne – der gebührte einem ehemaligen Hauptmann.

Als Holger R. nach dem Film zu Esther ins Wohnzimmer ging, war er nicht allein; er brachte jemanden mit, die männliche Hauptfigur des Romans.

«Herodion heißt mein Mann», sagte er und baute sich stolz vor Esther auf. «Herodion war Hauptmann bei der römischen Armee. Als Veteran – erst dann, nicht schon als aktiver Soldat – wurde er in die Christengemeinde von Korinth aufgenommen.»

«Klingt gut», sagte Esther, «aber setz dich erst einmal. Ich mache eine Flasche Wein auf, und dann sprechen wir über deinen Herodion.»

Als der erste Schluck Wein getrunken war, sagte Esther anerkennend: «Herodion – dieser Name ist gut gewählt. Er hat eine Nähe zum Namen Herodes, und die negativen Gefühle, die man als Bibelleser dem König Herodes gegenüber hat, werden auf Herodion übertragen.»

Holger R.: «Hauptmann bei der römischen Armee war er also, das gibt mir die Möglichkeit, ihm eine abenteuerliche Vergangenheit zuzuschreiben, auch bezüglich Frauen.»

Esther: «Das stimmt. Er könnte zum Beispiel einmal zusammen mit seinen Untergebenen Frauen an einem Baum erhängt haben, Partisaninnen. Und es bereitete ihm Lust, das musst du genau herausarbeiten, Holger. Einer der Untergebenen, der über ein wenig literarische Bildung verfügte und Diogenes von Sinope gelesen hatte, könnte sogar zitieren: *Möchten doch alle Bäume solche Früchte tragen.*»

Holger R.: «Einen Moment, das muss ich notieren.» Er sprang auf und lief in sein Arbeitszimmer. Als er zurückkam, vorsorglich mit Notizheft und Bleistift, hatte Esther den nächsten Gedanken parat: «Militär ist eine reine Männergesellschaft. Eine hierarchisch geordnete Männergesellschaft. Wie muss es Herodion irritieren, dass es in der Gemeinde anders zugeht! Dass es hier auch Frauen gibt und diese sich zu Wort melden! Und dann so eine starke Frau wie die Prophetin Esther! Herodion kann Esther nicht akzeptieren, es läuft auf einen Konflikt zu: Hauptmann gegen Prophetin.»

Holger R. schrieb mit, schrieb und schrieb. «Neben der Sache mit den erhängten Frauen könnte ich noch viele andere Szenen aus Herodions Vergangenheit erzählen», sagte er und legte das Notizheft aus der Hand.

Esther: «Aber pass auf, dass du nicht ins Fabulieren gerätst. Geh mit Herodion an die verschiedenen Kriegsschauplätze, das ja: nach Germanien, nach Syrien, nach Palästina. Aber grenze das, was du über deinen Hauptmann erzählst, auf das Thema *Herodion und die Frauen* ein. Der künftige Lustmörder muss vorbereitet werden. Und vielleicht war Herodion während seiner Militärzeit bereits ein solcher.»

Holger R.: «Ja, war er, war er…», und er begann wieder Notizen zu machen.

Esther: «Ich glaube, du hast eine lange Nacht am Schreibtisch vor dir. Willst du die Flasche Wein mitnehmen?»

Holger R.: «Nein, mach mir lieber einen Kaffee.»

Esther: «Den machst du dir gefälligst selber. Ich bin nicht dein Dienstmädchen.»

Konnte Holger R.s Roman noch einen zweiten römischen Veteranen-Hauptmann vertragen? Ja, aber nur als Nebenfigur. Hauptmann 1 brachte Hauptmann 2 in den abendlichen Gottesdienst der korinthischen Gemeinde mit. «Das ist mein langjähriger Weggefährte Stachys», stellte Hauptmann 1, Herodion, Hauptmann 2 vor. «Er ist auch Christ, Mitglied der Gemeinde Philippi, und wohnt in einer der Veteranensiedlungen der Stadt. Er ist gekommen, um mich zu besuchen, und ich habe mir erlaubt, ihn heute Abend mitzubringen. Er hat übrigens ein Geschenk für euch dabei, das wird er euch jetzt übergeben.»

Ein Raunen ging durch den Raum, und alle Blicke hefteten sich auf Stachys, den Mann neben Herodion. Er war von unscheinbarer Gestalt, klein, kahlköpfig, mit freundlichem Lächeln. Ein Mann, zu dem man sofort Vertrauen hatte. Schwer vorstellbar, dass sein Beruf das Töten gewesen war. Ein Geschenk hatte er dabei? Aber man sah nichts; seine Hände waren leer.

Stachys erhob sich, schaute in die Runde, grüßte freundlich und übermittelte Grüße aus der Gemeinde Philippi. Dann sagte er: «Wie ihr vielleicht wisst, hat der Apostel Paulus unserer Gemeinde einen Brief geschrieben. Einen wichtigen

Brief, in dem er uns belehrt und ermahnt. Wir benutzen diesen Brief immer mal wieder in unseren Gemeindeversammlungen, wir lesen daraus vor. Wir verfügen auch über die Abschrift des Briefes, den Paulus an die Galater geschrieben hat. Ich habe gehört, dass man schon in mehreren Gemeinden angefangen hat, Abschriften von Paulusbriefen zu sammeln und aus ihnen ein kleines Heft zusammenzustellen. In diesem Zusammenhang hat mich unsere Gemeindeleitung beauftragt, euch eine Abschrift des Paulusbriefes *an uns* mitzubringen.» Stachys griff in seine Gewandtasche, holte ein Schreiben hervor und übergab es Stephanas. Der war vollkommen überrascht, bedankte sich überschwänglich und begann sogleich, zu blättern und vorzulesen: «Solche Gesinnung habt untereinander, wie sie auch in Christus Jesus war. Er, der in Gottesgestalt war, erachtete das Gottgleichsein nicht als Beutestück, sondern er entäußerte sich selbst, nahm Knechtsgestalt an und ward den Menschen gleich. In seiner äußeren Erscheinung als ein Mensch erfunden, erniedrigte er sich selbst und wurde gehorsam bis zum Tode, bis zum Tod am Kreuz. Darum hat Gott ihn erhöht und ihm den Namen gegeben, der über alle Namen ist, auf dass im Namen Jesu sich jede Knie beuge im Himmel, auf der Erde und unter der Erde und jede Zunge zur Ehre Gottes des Vaters bekenne: Jesus Christus ist der Herr.»

Kaum hatte Stephanas geendet, ertönte es in der Gemeinde vielstimmig: «Jesus Christus ist der Herr!» Und dann: «Stephanas, lies weiter, lies weiter!» So kam es dazu, dass der ganze Abendgottesdienst mit dem Verlesen des Philipperbriefs bestritten wurde.

Hinterher wurde im Innenhof ein Imbiss gereicht. Lydia, die Frau des Stephanas, hatte ihn mit Liebe vorbereitet. Alles stand auf dem Rand des Brunnens: Fladenbrot, Schälchen mit Oliven, Platten mit Dörrfleisch, mit Ziegenkäse, mit Sesamkuchen und Honigschnitten, eine Karaffe Wein. Stachys wurde umdrängt, er musste viel erzählen, und er tat es gern. Stephanas stand mit Lydia und Esther zusammen. «Wir müssen uns revanchieren», sagte Stephanas zu den beiden Frauen. «Wir müssen Stachys eine Abschrift der Briefe mitgeben, die Paulus an uns geschrieben hat.»

Esther: «Stachys reist morgen Vormittag wieder ab, habe ich ihn eben sagen hören. Er nimmt das Schiff. Es müsste also die Nacht über durchgeschrieben werden. Ich könnte einen Teil der Schreibarbeit übernehmen.»

Stephanas: «Ich auch.»

Lydia: «Ich auch.»

Stephanas: «Paulus hat uns viel geschrieben. Drei Kopisten werden nicht reichen – bedenkt, dass wir irgendwann müde werden, dass uns die Augen zufallen.»

Lydia: «Fast alle Gemeindeglieder sind des Lesens und Schreibens unkundig. Wen könnten wir noch hinzuziehen?»

Esther: «Wir könnten Herodion fragen.»

Lydia: «Ja, natürlich. Als Hauptmann kann er schreiben. Und Stachys selber, sollen wir den auch fragen?»

Stephanas: «Nein, auf keinen Fall. Er muss schlafen, er hat morgen eine anstrengende Reise vor sich.»

So kam es, dass in Stephanas' Haus die folgende Nacht zum Tage wurde. An vier Plätzen, im Licht von Öllampen, kopierten vier Leute, was Paulus der Gemeinde von Korinth geschrieben hatte.

Von einem Soldaten, auch einem ehemaligen Soldaten, erwartet man Härte, erwartet man Durchhaltekraft – auch bei einer Arbeit wie dem Kopieren von Texten. Aber in der Mitte der Nacht war es mit Herodions Härte und Durchhaltekraft vorbei, da sank er in tiefen Schlaf. Stephanas' Haus wurde von lautem Schnarchen durchtönt.

«Den kriegen wir nicht wieder wach», sagte Stephanas zu Lydia und Esther, als die drei um den Schläfer herumstanden. Sein Oberkörper war auf das Schreibpult gesunken. «Fasst mit an, wir betten ihn auf ein Behelfslager», fuhr Stephanas fort, «da kann er sich ausschlafen. Bis Mittag, wenn er will. Ich werde jene Textabschnitte, die er noch nicht kopiert hat, meinerseits in Arbeit nehmen.»

Lydia: «Aber jemand von uns muss zu Herodions Wohnung gehen, um Stachys die Abschrift zu überbringen und ihn vielleicht auch zum Schiff zu begleiten. Sehr früh muss das geschehen.»

Esther bot sich an, es zu tun.

Stachys saβ noch beim Frühstück. Er hatte Fladenbrot und Ziegenmilch vor sich, in die Milch tauchte er sein Brot ein. Er sah Esther erstaunt an: «Herodion ist gestern Abend nicht zurückgekommen, dafür stehst du nun vor mir. Wie soll ich das verstehen?»

Esther klärte ihn auf und überreichte ihm die Abschrift. Stachys war auβer sich vor Freude, sprang auf und küsste Esther rechts und links auf die Wange. Das war der christliche Bruderkuss, auch Schwestern durfte man ihn geben.

«Und nun setz dich und iss mit mir», sagte Stachys. «Du hast sicher noch nicht gefrühstückt.»

Nein, hatte Esther noch nicht. Sie griff kräftig zu, lieβ sich das einfache Mahl schmecken.

Stachys: «Ich habe gehört, dass Paulus euch eine Gottesdienstordnung übermittelt hat: wie es zugehen soll, wenn die Gemeinde sich versammelt. Ich bin gespannt darauf, diese Zeilen zu lesen. Weiβt du zufällig, wo sie stehen?»

Esther nahm die kopierten Seiten und sah sie durch. «Ja, hier steht es», sagte sie: «Wenn ihr euch versammelt, so hat jeder einen Psalm oder eine Lehre, eine Offenbarung, eine Zungenrede oder eine Auslegung. All das soll der Erbauung dienen.»

Esther hatte die Stelle so schnell gefunden, weil sie alles, was Paulus der Gemeinde von Korinth geschrieben hatte, bestens kannte. Deshalb fiel ihr auch sofort auf, dass einige Zeilen später etwas nicht stimmte. Da stand: «Die Frauen sollen in den Gemeindeversammlungen schweigen. Denn es ist ihnen nicht gestattet zu reden, sondern sie sollen sich unterordnen, wie auch das Gesetz sagt. Wenn sie etwas lernen wollen, sollen sie zu Hause ihre Männer fragen. Denn es ist für eine Frau eine Schande, in der Gemeindeversammlung zu reden.»

Esther war wie vom Donner gerührt. Diese Anweisung stammte nicht von Paulus, das wusste sie genau.

Stachys: «Ist etwas, Esther?»

Jetzt musste die Prophetin lügen. «Nein, alles ist in Ordnung», sagte sie, «ich hatte lediglich einen Anfall von Müdigkeit.»

Stachys: «Verständlich, verständlich.»

Ein Einschub in der Gottesdienstordnung des Paulus! Ein gegen die Frauen gerichteter Einschub! Ein Einschub auch gegen sie, Esther! Die Philipper sollten eine Fassung des Paulusbriefs erhalten, in der den Frauen Redeverbot erteilt wurde. Eine Ungeheuerlichkeit! In Esther stieg Zorn auf. Aber sie wollte die Sache Stachys gegenüber nicht ansprechen. Wie konnte sie auch! Sie konnte doch nicht sagen: «Stachys, wir haben beim Abschreiben Paulus ein wenig korrigiert; ich hoffe, du verstehst das.» Und *wer* hatte korrigiert: Stephanas, Lydia oder Herodion?

Es konnte nur Herodion gewesen sein, dieser undurchschaubare, etwas unheimliche Mann. Seine Gesichtszüge waren stets verkniffen – als ob er mit Macht etwas verbergen wollte. Esther meinte, wenn sie ihm in die Augen sah, in seine tiefliegenden Augen, dort Verachtung zu erkennen. Esther, die Prophetin mit dem durchdringenden Blick, dem nichts verborgen zu bleiben schien, stieβ bei Herodion auf ihre Grenzen: sie wurde aus diesem Mann nicht schlau. Gleichwohl, er war Christ, Mitglied der Gemeinde und damit ihr Bruder im Herrn. Jetzt, beim Frühstück mit Stachys, sah sie die Möglichkeit, etwas mehr über diesen seltsamen Mann zu erfahren.

«Erzähl mir von Herodion», bat sie Stachys. «Ihr seid doch Freunde und habt viel zusammen erlebt.»

Stachys winkte ab: «Nein, wir sind keine Freunde. Wir sind *Weggefährten*, wie Herodion sagte. Das ist etwas anderes.»

Esther: «Aber du hast ihn hier besucht. Das zeugt doch von Nähe.»

Stachys trank einen Schluck Ziegenmilch, wischte sich den Mund ab und sagte: «Behalt es für dich, aber ich bin nicht gekommen, um Herodions Nähe zu suchen. Ich wollte vielmehr sehen, ob er noch auf dem rechten Weg ist. *Sorge* hat mich hergeführt.»

Esther, erstaunt: «Das musst du mir erklären.»

Stachys, mit leiser Stimme und nachdem er vorsichtig zur Tür geschaut hatte, ob nicht etwa Herodion eintrat: «Ich erkläre es dir; aber versprich mir, dass du es für dich behältst.»

Esther: «Ich verspreche es.»

Stachys: «Herodion hat sich in seiner Dienstzeit beim römischen Militär durch Gräueltaten und Brutalität hervorgetan, besonders Frauen gegenüber. Ich hatte den Eindruck, dass es ihm Lust bereitete, Frauen zu quälen. Irgendwann wurde ich Christ, und ab dann begann ich, auf Herodion einzuwirken: auch er solle sich bekehren und sich seine Sünden von Jesus vergeben lassen. Er hörte genau zu; es schien mir, dass er unter seinem abartigen Charakter litt. Er sehnte sich nach einem neuen Leben. So kam es, dass auch er zu unserem Herrn Jesus Christus fand.»

Esther war zwar Prophetin, aber die Abgründe der menschlichen Seele hatte sie noch nicht vollständig ausgelotet. Sie war über das, was Stachys ihr erzählt hatte, entsetzt und fand keine Worte.

Stachys: «Ich habe mich hier in Korinth davon überzeugen können, dass Herodion noch auf dem rechten Weg ist. Aber ich gebe dir einen Rat, Esther: Sei vor Herodion auf der Hut. Ich habe Angst, dass eines Tages sein altes Wesen durchbricht. Und dann bist du in Gefahr.»

Esther: «Warum in Gefahr?»

Stachys: «Herodion ist ein Frauenfeind, und starke Frauen, wie du eine bist, kann er schon gar nicht ausstehen. Er möchte Frauen zum Schweigen bringen, am liebsten möchte er sie ausrotten.»

Esther schloss die Augen. «Ich sehe den Grund dafür», sagte sie. Sagte es mehr zu sich selbst als zu Stachys. «Seine Mutter hat ihn misshandelt – sie war seine Stiefmutter, nicht seine richtige Mutter. Und als er ein Mann geworden war, kam der ununterdrückbare Wunsch in ihm auf, sich an Frauen zu rächen.»

Stachys hatte nicht mehr zugehört. Er war aufgestanden, in eine andere Kammer gegangen und kam mit seinem ledernen Reisebeutel wieder. «Ich muss sofort aufbrechen!», rief er. «Ich habe während unserer Unterhaltung die Zeit vergessen, hoffentlich ist mein Schiff noch nicht fort. Darf ich dich bitten, hier aufzuräumen?»

Esther: «Mach ich gerne. Und gute Reise!»

Wenn eine Prophetin sich unversehens in der Wohnung eines undurchsichtigen Glaubensbruders wiederfindet…

Sie räumt die Reste des Frühstücks fort und verlässt dann die Wohnung, sollte man meinen.

Sie verließ die Wohnung aber nicht.

«Was macht sie jetzt?», fragte Holger R. *seine* Esther.

Esther: «Lass sie in der Wohnung herumschnüffeln. Sie möchte mehr über Herodions Vergangenheit herausfinden. Und dann lass Herodion zurückkehren, lange vor Mittag, er hatte doch nicht so ausgiebig geschlafen.»

Holger R.: «Was könnte Esther bei ihrem Herumschnüffeln in der Wohnung des Herodion entdeckt haben?»

Esther überlegte lange. «Einen Dolch», sagte sie schließlich. «Einen Dolch, wie er im römischen Militär in Gebrauch war, der aber in einem privaten

Haushalt nichts zu suchen hat. Er ist eine Mordwaffe und soll Herodion an seine schlimmen Taten erinnern. Wenn er den Dolch in die Hand nimmt, wird die Erinnerung an diese Taten wachgerufen. Herodion empfindet dann fast dieselbe Lust wie bei der Ausübung der Taten.»

Holger R.: «Und das als Christ!»

Esther: «Hör auf, Christsein mit moralisch sein gleichzusetzen. Auch deine Esther ist nicht durch und durch moralisch, du hast sie zum Beispiel einmal lügen lassen. Jetzt wirst du sie in einer fremden Wohnung herumschnüffeln lassen. Auch der frömmste Christ hat seine Schattenseiten, oder nicht?»

Der Dolch hatte unter Herodions Bett gelegen. Esther wog ihn in der Hand. Er war lang und schwer. Und wies er nicht Blutspuren auf? Was sollten diese schwarzen Verkrustungen sonst sein? Diese Mordwaffe war in die Körper von Frauen gerammt worden, Esther schüttelte sich vor Grauen.

Wenn jetzt noch Stachys anwesend gewesen wäre, hätte er gesagt: «Zurück mit dem Dolch an seinen Platz, Esther! Herodion darf dich nicht mit ihm erwischen! Und verschwinde sofort aus der Wohnung!»

Stachys war aber nicht da, und es war ohnehin zu spät: Herodion trat zur Tür herein.

Ein Soldat verfügt über Selbstbeherrschung, ein Hauptmann zumal. Herodion überblickte sofort die Situation. «Du hast Stachys die Abschrift überbracht und dann bei mir herumgeschnüffelt, Esther», sagte er. «Leg den Dolch, ein Andenken an meine Militärzeit, aus der Hand und verschwinde. Verschwinde nicht nur aus meiner Wohnung, sondern verschwinde auch aus Korinth. Ich will dich in der Gemeinde nicht mehr sehen. Wenn du meinen Worten Folge leistest, bleibt dein Vergehen ohne Konsequenzen und niemand erfährt davon.»

So wird man als Frauenfeind eine starke Frau los. Herodion zog aus der Situation kaltblütig seinen Nutzen. Er war ruhig geblieben. Er hatte nicht geschrien. Aber seine Stimme hatte einen gefährlichen Ton angenommen.

Esther legte den Dolch auf Herodions Bett.

Herodion nahm ihn an sich, spielte mit ihm. Und wenn er jetzt plötzlich zustieß? Seine tiefliegenden Augen fixierten die Frau, Esther lief es kalt den Rücken hinunter. Sie schob sich, ohne ein Wort zu sagen, an Herodion vorbei, der Wohnungstür entgegen, und als sie draußen war, lief sie, so schnell sie konnte, zum Haus des Stephanas zurück. Sie trat nicht ein, sondern setzte sich auf den Brunnenrand, schlug die Hände vors Gesicht und schluchzte. So saß sie eine Weile; bis Lydia aus dem Haus kam, um Wasser zu schöpfen.

Lydia: «Was ist mit dir, Liebes?»

Esther warf sich an ihre Brust und schluchzte noch stärker. «Ich hätte das nie tun dürfen», brach es aus ihr heraus. «Man schnüffelt nicht in fremden Wohnungen herum.»

Lydia: «Warte, ich hole Stephanas, und dann erzählst du uns die ganze Geschichte.»

Nachdem Esther erzählt hatte, sagte Stephanas: «Nein, du hättest es nicht tun dürfen: in Herodions Wohnung herumschnüffeln. Du wirst dafür Gott um Vergebung bitten, und damit wird wieder alles in Ordnung sein.»

Esther: «Ich habe Angst vor Herodion. Muss ich jetzt wirklich aus Korinth fort?»

Stephanas: «Ich werde mit Herodion reden und ihn besänftigen. Dann wird alles wieder so sein wie vorher.»

Esther sah Stephanas dankbar an. Von dem frauenfeindlichen Einschub in dem Paulusbrief erzählte sie nichts. Auch nichts von Herodions schlimmen Taten während seiner Militärzeit, das hatte sie Stachys ja versprochen.

War wieder alles so wie vorher? Herodion hatte seine Aufforderung an Esther, Korinth zu verlassen, zurückgezogen, das ja. Aber Esthers Kraft als Prophetin war gebrochen. Sie war keine Prophetin mehr, und alle wunderten sich. Esther fügte sich schweigend in das Gemeindeleben ein. Sie war so geworden, wie Herodion Frauen haben wollte. Dann brauchte sie auch nicht aus Korinth fortzugehen! Sollte sie doch in der Gemeinde anderen Frauen als Vorbild dienen!

Das ging so lange gut, bis Herodion in Konflikt mit einer anderen Frau geriet, mit Susanna. Die hatte auch die prophetische Gabe, wenn auch weniger ausgeprägt, als Esther sie gehabt hatte. Aber es reichte, um Herodion zu reizen. Wenn Susanna in den Gemeindeversammlungen den Mund auftat, rutschte er auf seinem Stuhl unruhig hin und her und gab ein Murmeln von sich. Bis ihn eines Abends, während der Versammlung, Susanna scharf anging: «Herodion, immer, wenn ich prophetisch rede, störst du. Es ist der Geist von unten, der dich treibt. Der Geist, der in deiner militärischen Vergangenheit wirksam war. Du kannst es nicht vertragen, wenn in der Gemeinde eine Frau ihren Mund auftut. Und weißt du, warum du so bist? Deine Mutter hat dich misshandelt – sie war deine Stiefmutter, nicht deine richtige Mutter. Seitdem hast du etwas gegen Frauen.»

Herodion sprang auf. «Taste meine Stiefmutter nicht an!», rief er. «Sie hatte auch ihre guten Seiten. Sie hat meinem Vater seine erste Frau, meine richtige Mutter, voll und ganz ersetzt.»

Susanna bohrte weiter in der Wunde: «Aber du bliebst dabei auf der Strecke, Herodion. Du hast gelitten, aber die Liebe Jesu…»

Herodion: «Hör mir auf mit der Liebe Jesu! Die Liebe Jesu hat bis heute nicht bewirkt, dass…»

Susanna: «Was hat sie nicht bewirkt, Herodion, was?»

Herodion winkte ab, setzte sich und sagte: «Lassen wir das. Und du, Susanna: Schweig in der Gemeinde wie die ehemalige Prophetin Esther. Nimm dir diese Frau als Vorbild.»

Susanna: «Das könnte dir so passen, Herodion. Ich werde reden, denn der Geist treibt mich dazu. Der Geist wird mir auch deine Vergangenheit offenbar machen, warte nur ab. Du wirst göttliche Gnade erfahren, aber vorher durch das Gericht gehen. Nur so gelangst du zu einer tiefgehenden Reinigung und Heiligung.»

Herodion sprang wieder auf. «Ich brauche keine tiefgehende Reinigung und Heiligung!», schrie er. «Und wenn du in meiner Vergangenheit herumwühlst, dann, dann…»

Susanna: «Was dann?»

Herodion sagte nichts, streckte Susanna aber eine geballte Faust entgegen. Sein Gesicht war rot angelaufen und von Wut verzerrt.

In solch einer Situation wagt es keine dritte Person, sich einzumischen. Alle blickten schweigend und entsetzt auf Herodion und Susanna.

Und wenn sich doch eine dritte Person einmischte? Die plötzlich wieder von prophetischer Kraft erfüllt wurde? Esther war nicht mehr sie selber, als sie sich erhob und zu reden begann. Sie war Werkzeug des Geistes. «Herodion, du hast vor einiger Zeit, als wir die Briefe des Paulus abschrieben, um der Gemeinde von Philippi eine Kopie zukommen zu lassen, eine Fälschung begangen. Du hattest den Teil abzuschreiben, der vom urchristlichen Gottesdienst handelt. Dort hast du einen Einschub eingebracht. Entgegen dem, was Paulus eigentlich will, hast du geschrieben, Frauen hätten in der Gemeinde zu schweigen. Paulus will aber, dass sie in der Gemeinde reden! Wie die Männer! Und auch ich werde ab heute wieder in der Gemeinde reden, Herodion. Ob es dir passt oder nicht.»

Das war zu viel. Herodion verließ wutschnaubend die Versammlung. Am nächsten Morgen fand man Susanna in ihrer Wohnung tot auf. Ein römischer Militärdolch war in ihre Brust gerammt worden, er steckte noch drin. Neben der Leiche lag ein Blatt Papyrus mit der Aufschrift: «Die andere Prophetin werde ich erwürgen.»

Von Herodion fehlte jede Spur.

«NICHT SCHON WIEDER ERWÜRGT WERDEN», stöhnte Esther. «Einmal erwürgt worden sein, in Singapur, reicht mir. Lass dir für meinen Tod etwas anderes einfallen, Holger.»

Esther war anspruchsvoll. Immer, in jedem neuen Roman, wollte sie einen anderen Tod sterben. «Mein letzter Tod hat mir sehr gefallen», fuhr sie fort. «Von einem ausgetauschten Löwen zerfleischt werden, das war doch etwas. Die Idee verdankst du Peter, dem Tierarzt.»

Es gab also für Esthers Tod auf Euböa noch einiges zu überlegen. Esther, die Prophetin, Esther, Holger R.s Frau: dem Schriftsteller Holger R. flossen beide Frauen immer stärker in eins. Er arbeitete, so musste man es sehen, auch am Tod der eigenen Frau. Es war ein gefährliches Spiel.

Esther, die Prophetin, war, um ihr Leben zu retten, aus Korinth auf die Insel Euböa geflohen. Dort befand sich eine kleine, von Paulus gegründete Christengemeinde. Stephanas hatte Esther einen Brief an den dortigen Gemeindeleiter mitgegeben, in dem er Esther empfahl und alles erklärte.

«Ich weiβ bereits, wo auf Euböa diese Gemeinde ist», sagte Esther, Holger R.s Frau, und schwenkte triumphierend Reiseprospekte. «Wir können nicht in ein normales Hotel gehen», erklärte sie. «Wie sollte so ein Bau für eine urchristliche Gemeinde transparent werden? Deine Schriftstellerphantasie wird in einem normalen Hotel nicht angeregt.»

«Wo dann?», fragte Holger R.

Esther: «Erika Reisen bietet auf Euböa einen Hotelkomplex an, der aus einer Reihe von Bungalows besteht, die sich einen Hügel hinaufziehen. Fischerhütten, Holger, Fischerhütten! In deiner Phantasie werden diese Bungalows zu Fischerhütten. Die Gemeinde auf Euböa ist eine Gemeinde von Fischern. Tagsüber arbeiten die Leute, am Abend halten sie ihre Versammlungen ab, da singen und beten sie. Auch deine Prophetin Esther ist jetzt mit dabei.»

Holger R.: «Hört sich gut an. Zeig mir die Fotos.»

Esther blätterte in einem der Prospekte und zeigte sie ihm. Holger R. war begeistert. «Ich sehe bereits jetzt, nur anhand der Fotos, die Gemeinde», sagte er.

Esther hätte das Paket nicht öffnen, sondern wegwerfen sollen, dann wäre Peter F. niemals nach Euböa gereist und sie, Esther, niemals Objekt seiner Mordpläne geworden. Aber sie öffnete das Paket. Sie wog es in der Hand, was mochte wohl darin sein? Absender war der Tierarzt Peter F., jetzt mit einer Adresse aus dem Frankfurter Raum. «Ein Buch könnte es sein», dachte Esther, «ein groβformatiges Buch.»

Es *war* ein groβformatiges Buch. Ein von Peter F. verfasster Bildband über Lizzys Löwenfarm. Esther war sprachlos. Sie hatte in Afrika nicht mitbekommen, dass Peter F. auch fotografierte. Und jetzt dieser prächtige Bildband – mit einer persönlichen Widmung des Autors: «Für meine Freunde Holger und Esther.»

«Für meine Freunde...» Gelogen war das. Den Bildband an Holger R. und seine Frau zu senden, das war der Versuch einer Kontaktaufnahme. Mal sehen, was sich ergeben würde...

Esther blätterte in dem Buch, die Erinnerungen an die Tage in Afrika wurden wach. Und wenn sie selber auch auf Fotos war? Sie blätterte weiter, sie suchte, und tatsächlich, mehrmals war auch sie abgelichtet. Inmitten der Löwen. Mit Sultan. Mit Robin.

«Was für ein schönes Geschenk», sagte Esther zu sich. «Ich werde mich sofort bedanken, telefonisch.»

Die Falle hatte zugeschnappt.

Peter F. brachte, nachdem er den Dank entgegengenommen hatte, das Gespräch auf Holger R.s Schriftstellerei. «Woran arbeitet dein Mann gerade?», wollte er wissen.

Esther: «An einem Roman über das Urchristentum.» Und dann plauderte sie los, beschrieb das Romanprojekt, erzählte die bisherige Handlung.

Am anderen Ende der Leitung wurde genau zugehört. Das zeigte sich daran, dass Peter F. immer wieder Fragen zu Einzelheiten stellte. Er wollte alles genauestens wissen; insbesondere über den Lustmörder Herodion konnte Esther nicht genug erzählen. Das hätte sie stutzig machen müssen, machte sie aber nicht stutzig.

«Und dein Tod, wie soll der sich abspielen?», fragte Peter F.

Esther: «Ich soll wieder erwürgt werden, wie in Singapur. Aber das fände ich langweilig. Holger muss meinen Tod anders gestalten. Du an seiner Stelle hättest bestimmt eine gute Idee.»

Sie lieferte sich ihm aus. Sie lieferte sich ans Messer, aber das konnte sie nicht wissen.

«Wir fliegen, wie du dir denken kannst, diesen Sommer nach Euböa», sagte sie. «Um vor Ort zu sein. Denn nur vor Ort kann Holger die Mordszenen seiner Romane richtig gut schreiben, das weiβt du ja.»

«Euböa», wiederholte Peter F. langsam. Und dann ging er aufs Ganze. «Ich fliege diesen Sommer auch nach Euböa», sagte er. «Was für ein Zufall!»

Esther: «Wir haben bei Erika Reisen gebucht und werden im Olympia Beach wohnen, einem Hotelkomplex mit Bungalows.»

Peter F., mit gespieltem Erstaunen: «Auch ich habe im Olympia Beach einen Bungalow reserviert, denn wo soll man auf Euböa sonst hingehen? Im Olympia Beach ist es am schönsten.»

«Ja, wirklich», sagte Esther. Und schwärmte dann von der Hotelanlage.

«Fehlt nur noch, dass wir zur selben Zeit dort sind», sagte Peter F. «Für welchen Zeitraum habe ihr gebucht?»

Esther nannte die Daten.

Peter F.: «Das gibt es doch nicht! Euer Anreisetag ist derselbe wie meiner!»

So lügt sich ein Lustmörder zu einer Frau hin. Jetzt musste allerdings im Olympia Beach ein Bungalow frei sein. Wenn nicht – Pech gehabt.

EIN SCHRIFTSTELLER UND EIN LUSTMÖRDER wurden am gleichen Tag und etwa zur gleichen Zeit von zwei Flugzeugen auf griechischem Boden abgesetzt. Griechischer Boden, das war zunächst die Halle des Flughafens Athen. In dem Gedränge und Geschiebe waren Holger R. und Esther erst einmal orientierungslos, aber dann wurde ihnen von einem hochgehaltenen Schild mit der Aufschrift *Erika Reisen* der Weg gewiesen. Das Schild sagte: Hierher, hier sammeln, hier formiert sich eine Urlaubergruppe, ihr werdet im selben Hotelkomplex wohnen, in Bungalows am Meer. Also beschnuppert euch schon mal, begrüßt euch. Kommt Sympathie auf? Wer findet Gefallen an wem? Irgendwie gehört ihr jetzt zusammen, stellt euch darauf ein.

Erika Reisen. Aber der Lustmörder aus dem Frankfurter Raum gehörte nicht dazu. Er hatte ebenfalls einen Bungalow im Olympia Beach gebucht, kam aber privat.

Erika Reisen verfrachtete die Urlaubergruppe in einen Reisebus. Der Bus durchquerte an jenem Juli-Nachmittag ganz Attika, eine Stunde Fahrt war das. Eine Stunde Fahrt durch eine sonnenversengte Hügellandschaft, einige Bäume, einige Sträucher, hin und wieder Schafe, Hotels und Feriensiedlungen irgendwo hingeklotzt, ohne Sinn und Verstand. Holger R. sagte sich, während er nach rechts aus dem Fenster schaute, an der Ehefrau vorbei: «Das ist noch nicht das Griechenland, das nach dir greift, das du erwartest, das du suchst.»

Wenn dieses Griechenland noch nicht da ist, wird man schläfrig. Man schließt die Augen und lehnt den Kopf zurück. Aber man kann ihn nicht halten, gegen die Nackenstütze, er fällt zur Seite, sucht die Schulter der Ehefrau, so geht es vielleicht, so könnte man ein Nickerchen machen.

Auf einmal ist *sie* da – Esther, die Prophetin. Die Frau auf der Flucht. Bedroht von einem Lustmörder. Erwürgen will er sie. Esther hatte sich von Korinth aus nach Athen durchgeschlagen, hatte in der dortigen Gemeinde für zwei Tage Unterkunft gefunden und durchquerte nun ebenfalls Attika. Das war für sie ein Tagesmarsch.

Eine sonnenversengte Hügellandschaft mit einem klimatisierten Bus zu durchqueren oder zu Fuß, das macht einen großen Unterschied. Esthers Sandalen waren von Staub bedeckt. Sie hatte einen Stab bei sich, um streunende Hunde abzuwehren, an ihrem Gürtel hingen ein Schlauch mit Wasser und ein Lederbeutel mit Oliven als Wegzehrung und etwas Geld; und vor allem: in dem Lederbeutel befand sich, säuberlich zusammengefaltet, ein Brief – der Brief des Stephanas an den Gemeindeleiter von Euböa.

Holger R. kämpfte sich aus dem Nickerchen heraus. Was er im Halbschlaf gesehen hatte: Esther auf dem Weg durch Attika, musste notiert werden. Er schrieb ein, zwei Notizblockseiten voll und spürte, dass er beobachtet wurde. Von links. Dort saß, durch den Mittelgang getrennt, ein älterer Mann. Der sagte, als Holger R. einmal aufschaute: «Hallo.» «Hallo», antwortete Holger R., unwillig, er wollte weiterschreiben, er wollte keine Kontaktaufnahme. Aber dann sagte er sich: «Du hast, zusammen mit Esther, eine organisierte Reise ausgewählt, das bedeutet Gruppe, und jetzt lass dich auf die anderen Menschen ein.» Holger R. legte also den Notizblock zur Seite und ließ sich auf den Mann ein. Der sprach ihn mit Namen an. Wieso das? Ach ja, vor Antritt der Fahrt waren von der Reiseleiterin die Namen verlesen worden, und jeder hatte durch Handzeichen kenntlich gemacht, dass er da war.

«Ich habe Ihre Bücher gelesen», sagte der Mann, «die theologischen und auch die Romane. Sie leisten auf zwei verschiedenen Feldern Außergewöhnliches. Bravo.»

Holger R. war es unangenehm, gelobt zu werden, und er fragte den Mann nach *seinem* Hintergrund. Da fühlte sich dessen Frau angesprochen, *sie* antwortete. Holger R. hatte es mit dem Ehepaar Karlfried und Ruth Grau zu tun. Er: pensionierter württembergischer Pfarrer, sie: ehemalige Pfarrfrau, immer noch aktiv, Seniorenkreis, Frauendienst, Hausbesuche, Krankenbesuche. Für jeden ein fröhliches Lächeln, einen Bibelvers. Sie erzählte und erzählte, sie redete Holger R. fast wieder in ein Nickerchen hinein, und ihr Mann, schloss der nicht schon die Augen? Aber Holger R. wusste, wie er die Frau zum Schweigen bringen konnte – die Landschaft drängte sich auf und wollte bewundert werden. «Schauen Sie, das Meer!», rief Holger R. «Und die Ölbäume rechts und links von uns!»

Der Bus fuhr auf einer schmalen Straße, die sich einen Hügel hinunterschlängelte, auf eine kleine, felsige Bucht zu. In dieser Bucht waren ein Fährhafen und eine Taverne. Am Horizont sah man verschwommen eine Bergkette, tiefblaues, leicht gekräuseltes Meer dazwischen: Euböa. Der Bus blieb am Fährhafen stehen. Auf einmal das Gefühl: Man ist in Griechenland angekommen. Man steigt aus dem Bus, reckt die steifen Glieder, zieht den Duft von Oleandersträuchern in sich hinein. Hier könnte die Geschichte weiterlaufen. Die Geschichte von Esther, der Prophetin. Die Geschichte könnte weiterlaufen auf der Terrasse der Taverne unter den bunten Lampions, wenn die abends angeknipst sind. Nein, keine angeknipsten bunten Lampions, Holger R.s Geschichte spielt ja vor 2000 Jahren, also sind hier Ölfackeln in den Boden gesteckt, *die* beleuchten die Terrasse.

Esther war am Ende ihrer Wanderung angelangt. Sie stand auf dem letzten Hügel und schaute auf eine kleine, felsige Bucht hinunter. In dieser Bucht waren ein Fährhafen und eine Taverne. Am Horizont sah man verschwommen eine Bergkette, tiefblaues, leicht gekräuseltes Meer dazwischen: Euböa. Esther verweilte einige Augenblicke auf dem Hügel, ein kühler Abendwind trocknete ihren Schweiß, sie fragte sich, wann der römische Handelssegler Merkur, der die Fährverbindung nach Euböa herstellte, wohl kommen würde. Einmal pro Woche, hatte man ihr gesagt. Aber an welchem Tag?

In der Taverne war Esther der einzige Gast. Sie setzte sich auf die Terrasse. Die Nacht fiel herab, aber Ölfackeln waren in den Boden gesteckt, die spendeten ein flackerndes Licht. Esther zog ihr Gewand fester um sich, es fröstelte sie. Links in den Büschen, raschelte da nicht etwas? Esther schreckte zusammen; aber es war nur ein Wiesel, das vorbeihuschte. Der mürrische Wirt brachte Brot, Dörrfleisch, eine Karaffe Wasser, einen Becher Wein. Der römische Handelssegler Merkur komme übermorgen, antwortete er Esther auf ihre Frage hin. Nach ihrem bescheidenen Nachtmahl ging Esther in ihre Kammer. Sie zog die Tür hinter sich zu, die war ganz leicht, war aus Weidengeflecht und hatte kein Schloss; hierher, an die Ostküste Attikas, kam kein Einbrecher.

Nein, ein Einbrecher kam nicht hierher. Aber vielleicht ein Lustmörder? Der eine Prophetin verfolgte? Bis in ihre Träume hinein? – Das Mondlicht fiel bleich durch das kleine Fenster von Esthers Kammer, fiel auf ihr Gesicht und machte ihren Schlaf unruhig; sie wälzte sich hin und her. Und auf einmal war *er* da – er, der Mörder Susannas. Auch *ihr*, Esthers, künftiger Mörder. «Ich besuche dich schon einmal hier, damit du weißt, dass ich dir auf den Fersen bin», sagte er. «Noch schlage ich nicht zu. Heute Nacht nicht. Aber du sollst wissen, dass du mir nicht entkommen kannst. Irgendwann werde ich auf Euböa auftauchen. Und dann…» Herodion sprach nicht weiter, brach aber in ein höhnisches Lachen aus. Das wurde immer lauter und weckte Esther schließlich auf. Auch als sie aufrecht im Bett saß, schweißgebadet, war das Lachen noch da. Sie schaute aus dem Fenster. Auf der nächtlichen Terrasse sah sie im flackernden Licht der Ölfackeln drei Männer bei Wein und Würfelspiel. Sie hätte hinausrufen können: «Seid bitte leiser, ich möchte schlafen!», aber das traute sie sich nicht. Und außerdem: an den drei lärmenden Männern vorbei würde der Lustmörder Herodion nicht noch einmal den Weg in die Taverne und in ihre Träume finden.

«Holger, wo bleibst du? Die Fähre ist da. Komm, beeil dich, du bist der Letzte.»

Esther zog Holger R. am Arm, zog ihn mit sich, zog ihn aus seinen Phantasien heraus, zog ihn von jener anderen Esther fort, von Esther, der Prophetin. Ehefrau und Ehemann gingen schnellen Schrittes auf das Hafenbecken zu, dort lag die blau-weiße Fähre Miaoulis I, ein Ungetüm aus Stahl und Eisen mit viel Rost. Die Bug-Klappe war heruntergelassen, Autos und Reisebusse rollten hinein. Schnell, es musste schnell gehen, eine Fähre ist in einen Fahrplan gezwängt; der winkende Arm eines Schiffsoffiziers trieb die Autos und Busse zur Eile an. Die Passagiere der Busse hatten ausgestiegen zu sein und die Fähre zu Fuß zu betreten. Die letzten waren Holger R. und Esther. Die Taue wurden schon gelöst, der Schiffsoffizier rief den beiden zu: «Nun kommen Sie doch, beeilen Sie sich!»

Und dann stand Holger R. ganz hinten auf der Fähre und blickte über die Spur aufgewühlten Wassers, die das Schiff hinter sich ließ, zur Taverne zurück, die immer kleiner wurde. Einzelheiten konnte er nicht mehr erkennen, er sah auch nicht das Taxi, das in diesen Augenblicken ankam. Ein Mann stieg aus, schaute der Fähre Miaoulis I hinterher und stampfte wütend mit dem Fuß auf. Verpasst! Die Fähre knapp verpasst! Das bedeutete zwei Stunden Warten auf die nächste. Und was macht man in den zwei Stunden? Man setzt sich auf die Terrasse der Taverne.

Peter F. konnte es nicht wissen, aber er ging, als er die Terrasse betrat, in Holger R.s Roman hinein. Es hätte ihn gefreut, hätte er es gewusst. Er hätte sich gesagt: «Unverhofft bin ich bereits in der Geschichte. Ohne jede Anstrengung meinerseits. Mein Griechenlandaufenthalt fängt gut an.»

Es müsste bereits Nacht sein. Esther müsste in ihrer Kammer im Bett liegen, ihr Gesicht vom Mond beschienen, und in ihren Träumen müsste Herodion sie bedrängen. Einer der drei Männer, die sich auf der nächtlichen, von Ölfackeln beleuchteten Terrasse dem Wein und dem Würfelspiel hingaben, müsste Peter F. sein. Irgendwann brachen die zwei anderen Männer auf; sie waren Fischer und gingen heim zu ihren Hütten und ihren Frauen. Und Peter F.? Der war Gast in der Taverne. Ein sehr spät gekommener Gast – Esther hatte er nicht mehr gesehen, die war schon im Bett gewesen. Aber er wusste, dass sie da war. Dass sie da sein *könnte*. Er hatte den Wirt gefragt: «Ist in den letzten Tagen eine allein reisende Frau bei dir erschienen?» Der Wirt hatte geantwortet: «An diesem Abend erschien eine. Sie hat sich bereits in ihre Kammer zurückgezogen.»

Peter F., inzwischen zu Holger R.s Romanfigur Herodion geworden, hätte sich gesagt: «Ich schaue nach, ob sie es ist. Vielleicht kann ich diese verdammte Prophetin schon in dieser Nacht erledigen. Und dann verschwinde ich sofort. Gehe den Weg zurück, den ich gekommen bin, durchquere Attika bei Nacht in umgekehrter Richtung.»

Peter F. saß auf der Terrasse, trank ein kühles Bier und war von dem Romangeschehen unberührt. Noch. Aber er war nach Griechenland gereist, um in das Romangeschehen einzutreten. Er suchte seine Chance.

Holger R. hinten auf der Fähre Miaoulis I, Blick in Richtung Taverne, die immer kleiner wurde. Aber er wollte auf dem Achterdeck des römischen Handelsseglers Merkur stehen, still und heimlich neben Esther und sie beobachten. Was fühlte sie? Hatte sie Angst, dass Herodion ihre Spur fand? Oder glaubte sie sich in Sicherheit?

Der römische Handelssegler Merkur kam gegen die massige Fähre nicht an, sie stampfte ihn weg, ihr dröhnender Dieselmotor vertrieb ihn; aber Esther war jetzt trotzdem da, *Holger R.s* Esther. Sie legte ihren Arm um seine Schulter: «Du bist in deinem Roman, nicht wahr?» Holger R. nickte.

Auch das Ehepaar Grau zog es nach hinten auf die Fähre. Ruth stellte sich und ihren Mann Esther vor und begann wieder zu erzählen – Esther wusste ja noch nicht, wer sie war und was sie alles machte: Seniorenkreis, Frauendienst, Hausbesuche, Krankenbesuche. Esther sagte immer nur: «Ja, ja», was hätte sie anders sagen sollen?

Holger R. fragte sich, wie er die Frau zum zweiten Mal zum Schweigen bringen konnte, aber dann besann er sich anders. Er sagte sich: «Bau sie zu einer Romanfigur auf. Diakonin in der Gemeinde Euböa könnte sie sein. Und stell sie als geschwätzig dar. Geschwätzige Frauen in den urchristlichen Gemeinden – warum soll es das nicht gegeben haben?» Ja, geschwätzige Frauen hat es im Urchristentum gegeben, Holger R. fiel ein neutestamentlicher Beleg ein. Erster Timotheusbrief, Kapitel 5; den genauen Wortlaut hatte Holger R. nicht im Kopf, aber so viel wusste er: Es werden dort jüngere Witwen getadelt, die müßig, schwatzhaft und neugierig in den Häusern herumlaufen. Aus einer jungen schwatzhaften Witwe machte Holger R. eine ältere schwatzhafte Diakonin, und dann hörte er Ruth Grau interessiert zu – die Romanfigur sollte Gestalt annehmen. Holger R. befreite seine Frau Esther, er zog Ruth Graus Redestrom auf sich. Esther schaute ihn dankbar an und begann mit dem Mann zu plaudern, mit Karlfried Grau. Ruth Grau ihrerseits hatte auf einmal einen willigen Zuhörer vor sich. Das war neu für sie. Tatsächlich, dieser Theologe und Schriftsteller war kein widerwilliger Zuhörer wie all die anderen. Immer gegen Widerwillen anreden, an jedem neuen Redetag, das ist mühsam. Aber jetzt fällt man mit seinem Reden in diesen Mann geradezu hinein, der nimmt alles auf, der will immer noch mehr hören. Mit dem möchte man weiter Kontakt haben, in den nächsten Tagen am Strand. Willig geht Holger R. mit in den Seniorenkreis, willig mit zur Zusammenkunft des Frauendienstes, dort gibt es Kaffee und Kuchen, willig macht er zwei Hausbesuche mit, drei Krankenbesuche. Jedes Mal wird die Pfarrfrau mit dem entzückten Ausruf empfangen: «Wie lieb von dir, Ruth, dass du kommst!»

Holger R. spürte, dass etwas von ihm erwartet wurde. Von ihm wurde erwartet, Bewunderung auszudrücken, eine Bemerkung zu machen in der Richtung: «Sie sind wirklich noch sehr aktiv!» Oder besser: «Das ist wahre christliche Nächstenliebe!» Holger R. dachte bei sich: «Gib dem Affen Zucker» und fügte sich ins Unvermeidliche: «Das ist wahre christliche Nächstenliebe, Frau Grau!»

Wenn man von Attika nichts mehr erkennen kann, wenn die kleine, felsige Bucht mit dem Fährhafen und der Taverne im Dunst verschwunden ist, geht man besser nach vorn auf die Fähre; man lässt sich dort vom Wind die Haare zerzausen und blickt auf das näherkommende Euböa. Holger R. hatte von seiner Romanfigur Ruth Grau vorerst genug, hatte sich mit der Entschuldigung verdrückt, zur Toilette zu müssen, und stand nun ganz vorn auf dem Schiff. Er schaute zu der Insel hinüber mit ihren größer werdenden Fischerdörfern, ihrem Strand und ihren Bergen. Irgendwann tutete die Schiffs-Sirene, das bedeutete: Liebe Urlauber, begebt euch zu euren Fahrzeugen, steigt ein, nur so ist ein zügiges Herausrollen gewährleistet. – Die 40 Leute von Erika-Reisen mit ihren erwartungsvollen Gesichtern, schwitzenden Körpern, wohlgenährt oder sportlich, mit Sonnenbrillen, hier und dort war auch ein Strohhut auf dem Kopf, rollten also in ihrem Bus zügig aus der Fähre; aber auf der Uferpromenade von Nea Styra geriet ihr Bus in eine lange Reihe von anderen Bussen, und so ging es hier nur stockend voran, im Schritttempo.

Der Busfahrer öffnete, um eine gute Lüftung zu gewährleisten, die Türen.

Die Uferpromenade gehörte den Spaziergängern, die hatten Shorts an und kurze Röcke und T-Shirts oder auch Badebekleidung und blickten nach rechts und links zu den Auslagen der Geschäfte und lutschten ein Eis und winkten fröhlich zum Bus hinauf und wollten sagen: «Hier ist die Leichtigkeit des Seins, spürt ihr das?»

Ja, Holger R. spürte sie, die Leichtigkeit des Seins. Aber er brachte ein künftiges Mordopfer mit auf die Insel, und da hört es mit der Leichtigkeit des Seins auf. Entsetzen wird sich verbreiten, die Leute werden sagen: «Dass so etwas auf dieser schönen Insel passieren konnte…»

Aber doch nur literarisch!

Für den Mann, der zwei Stunden später in einem Taxi die Uferpromenade entlangrollte, *nicht* literarisch. Die Tat dieses Mannes würde die Leichtigkeit des Seins auf der Insel Euböa *real* zerstören, zumindest für einige Tage. Er, Peter F., musste als Mörder entkommen. Gar nicht als Mörder identifiziert werden. Der Insel ein Mordopfer bescheren und dann unerkannt entkommen. «Mysteriöser Lustmord auf der griechischen Ferieninsel Euböa» - die Schlagzeile würde vielleicht sogar den Weg in die Weltpresse finden.

Der Bus rollte immer noch im Schritttempo über die Uferpromenade von Nea Styra. Die Türen waren immer noch offen, und plötzlich stieg ein Straßenhändler ein. Er brachte in einem Korb Badehosen, Bikinis, Shorts und T-Shirts mit und pries die Sachen an; es war Billigware, alles acht Euro. Als er einen blümchengemusterten Bikini mit weißem Grund hochhielt, rief Ruth Grau nach vorne: «Den möchte ich haben!»

Karlfried Grau schaute seine Frau entsetzt an. Sie hatte in ihrem Gepäck einen blauen Badeanzug, reichte der nicht für den Strand? Ein blümchengemusterter Bikini mit weißem Grund ist etwas für ein Mädchen oder eine junge Frau, aber nichts für eine ehemalige württembergische Pfarrfrau. Was würden die Leute im Seniorenkreis und die Frauen des Frauendienstes sagen, wenn sie Strandfotos von Ruth Grau im Bikini sehen würden?

Auch Holger R. war mit Ruth Graus Kaufwunsch nicht einverstanden. Zu einer Diakonin passte kein Bikini, er stellte sich Ruth Grau im einteiligen blauen Badeanzug vor, den sie ja auch hatte. Aber offenbar griff die Leichtigkeit des Seins nach ihr. Jahrzehnte des Lebens im Korsett als Pfarrfrau waren durchgestrichen. So sein wie die Spaziergänger auf der Uferpromenade mit ihren Shorts, kurzen Röcken und T-Shirts! Dann also auch gleich noch Shorts und ein T-Shirt kaufen! Karlfried Grau und Holger R. hielten den Atem an. Der Straßenhändler war inzwischen bei Ruth Grau, den Bikini hielt sie schon in den Händen, und jetzt wühlte der Mann in seinem Korb nach Shorts und T-Shirt.

«Shorts habe ich nur noch in Lila», sagte er. «Und hier ist ein letztes T-Shirt, in Rosa.»

Ruth Grau: «Beides nehme ich.»

Karlfried Grau: «Aber Ruth, die Farben passen nicht zusammen. Shorts in Lila, T-Shirt in Rosa, das beißt sich.»

Ruth Grau: «Ist mir egal.»

Wenn die Leichtigkeit des Seins nach einem greift, sind Farbzusammenstellungen gleichgültig. Dann denkt man auch nicht an Fotos, die man nach dem Urlaub im Seniorenkreis und bei der Zusammenkunft des Frauendienstes zeigen wird. Es platzt ein Panzer. Eine Frau wird lebendig – nur durch den Wechsel der Kleidung. Holger R. beobachtete staunend die Szene. Das war nicht mehr die Romanfigur von vorhin auf der Fähre. Aber was hatte Esther neulich gesagt? Romanfiguren haben ein Eigenleben; sind sie einmal da, kann der Schriftsteller nicht mehr alles mit ihnen machen, was er will. Sie tun, was *sie* wollen.

Der Reisebus hatte die Uferpromenade verlassen und fuhr jetzt auf der Küstenstraße dem Hotel entgegen, dem Olympia Beach. Rechts war das Meer, links zogen sich in einiger Entfernung Euböas Berge hin – mit Wäldern, Felsen, Abgründen, einsamen Tälern.

Pfarrer Grau hatte den Prospekt vom Olympia Beach in den Händen. Er ließ Holger R. die Bilder mit ansehen und sagte: «Es ist schön, dass wir nicht in einem großen Gebäude wohnen, sondern in Bungalows. Schauen Sie, wie sie sich vom Meer aus diesen kleinen Hügel hinaufziehen. Zwischen all dem Grün, den Mastixsträuchern, den Aleppokiefern und Johannisbrotbäumen. Ich würde gern ganz oben wohnen. Oder ganz unten, direkt am Meer.»

Bungalows?

Hotel?

Nein, der Bus fuhr auf eine urchristliche Gemeinde zu. Auf die, zur der sich Esther flüchten wollte. Sie würde in den nächsten Tagen mit dem römischen Handelssegler Merkur auf Euböa ankommen und dann hier, wo heute die Küstenstraße verläuft, zu Fuß unterwegs sein. Auf einem sandigen Weg.

Hotelkomplex mit Bungalows – urchristliche Gemeinde, der Bus fuhr einem doppelten Ziel entgegen. Holger R. konnte nicht davon ablassen, die Geschichte mit Esther weiterzuspinnen. Würde seine Prophetin auf Euböa in Sicherheit sein? In der urchristlichen Gemeinde?

Für die Gemeinde gab es keinen Prospekt, die hatte Holger R. selber zu entwerfen.

Noch einen Kilometer Fahrt – jener kleine Hügel mit den Bungalows war bereits zu erkennen; in weißer Farbe leuchteten sie herüber.

Bungalows?

Fischerhütten!

Der Leiter der Gemeinde hieß Tychikos. Tychikos war Fischer gewesen, hatte sich hochgearbeitet, war jetzt Kleinunternehmer, verarbeitete Fisch, pökelte ihn ein, verkaufte ihn. Die Fischer in den anderen Hütten hatte er mit seiner Energie angesteckt, die arbeiteten jetzt für ihn, verdienten viel mehr als vorher, eine blühende Gemeinschaft war entstanden. Und sie waren Christen geworden. Tychikos hatte den Glauben mitgebracht, von einer seiner Verkaufsreisen. Er hatte ihn den anderen vermittelt.

Das war die Ausgangssituation. Die stand Holger R. von einem Moment zum anderen vor Augen, noch während der Busfahrt. Vor Ort würde alles mit Leben gefüllt werden müssen.

Unter dem Einfluss einer Phantasie, die *das* wollte: alles mit Leben füllen, stieg Holger R. auf dem Parkplatz des Olympia Beach aus dem Bus, nahm seinen Koffer in Empfang und begab sich im Pulk in die Empfangshalle. Zum Begrüßungscocktail und zur Anmeldung an der Rezeption. Er war so sehr in seinen Gedanken, dass er Esther, seine Frau, nicht wahrnahm. Seine Phantasie verwandelte ihm das Empfangsgebäude in eine Holzbaracke. Zum Meer hin offen, damit der Wind hineinstreichen konnte – hier wurde nämlich Fisch getrocknet. Im Boden waren mehrere Bassins mit Salzwasser eingelassen, darin halbierte und entgrätete Fischleiber. Solche Fischhälften auch in großer Zahl auf Regalbrettern an den Wänden der Baracke… Doch Fischleiber und Begrüßungscocktail passen nicht zusammen; der giftgrüne Cocktail, der den Namen des Hotels trug: Olympia Beach, war stärker als die Fische und verdrängte sie; er wurde durch einen langen roten Strohhalm in eine durstige Kehle gesogen und stellte Normalität her: Empfangsgebäude, Rezeption, Aufrufen der Namen, Verteilung der Bungalows. Karlfried Grau kam freudig auf Holger R. zu, er hatte einen Bungalow ganz unten zugeteilt bekommen, am Meer. Holger R. und Esther bekamen einen in Mittelposition, auf halber Höhe des Hügels.

Bungalows – Fischerhütten. Kaum hatten Holger R. und Esther die Empfangshalle verlassen und trugen auf einem schmalen Treppenweg, vorbei an Mastixsträuchern, Aleppokiefern und Johannisbrotbäumen ihre Koffer den Hügel hinauf, auf der Suche nach Bungalow 14, war Holger R.s Phantasie durch nichts mehr gebremst und sah Fischerhütten. Die Eheleute mussten eine Pause machen, die Koffer waren zu schwer, die Rollen konnten auf dem Treppenweg nicht benutzt werden. Die beiden schauten zurück, und Holger R. sah in seiner Phantasie neben dem Empfangsgebäude, das jetzt wieder eine Holzbaracke war, ein Feuer brennen. Es brannte nicht lodernd, es glimmte nur. Man brauchte keine Flammen, man brauchte nur Rauch, und auch der sollte nicht zu stark sein. Über dem Feuer befand sich ein Eisenspieß mit Fischhälften; er lag auf Astgabeln auf, die in den Boden gesteckt waren, und musste ständig gedreht werden. Auf der anderen Seite der Holzbaracke standen große Krüge mit verschiedenen Ölen und Schalen mit verschiedenen Gewürzen. Hier wurde Delikatess-Fisch zubereitet, in Öl eingelegt. Vor den Krügen und Schalen kniete ein älterer Mann, ein Spezialist; er bereitete gerade eine Mischung zu, schmeckte immer wieder mit einem Löffel ab, goss dieses oder jenes Öl hinzu, fügte dieses oder jenes Gewürz bei – bis er zufrieden lächelte. In den Krug, in dem er die Mischung zubereitet hatte, steckte er einige Fischhälften – fertig für den Versand an reiche Kunden in Athen oder Korinth.

Fisch, überall Fisch! Ein besonderer Fisch-Freund war Holger R. nicht, und als er zusammen mit Esther Bungalow 14 betrat und die Tür schloss, war er froh, von Fisch getrennt zu sein.

Von Fisch getrennt? Pustekuchen, zum Abendessen gab es Fischsuppe. Am Büfett, als Vorsuppe, und sie war nicht schlecht. Während Holger R. und Esther löffelten, kam ein Mann auf sie zu, Peter F. «Welch ein Zufall, sich hier wiederzutreffen!», log er.

Holger R.: «Ja, welch ein Zufall. Setz dich zu uns und erzähl, wie es dir geht, was du machst. Übrigens: auch von mir herzlichen Dank für das schöne Buch über die Löwenfarm.»

Peter F.: «Gern geschehen. Ich habe die Löwenfarm verlassen und arbeite als Tierarzt im Frankfurter Raum, in eigener Praxis. Und du, Holger, schreibst an einem neuen Roman?»

Holger R. erzählte ein wenig, und Esther beklagte sich noch einmal darüber, dass sie wieder erwürgt werden sollte. «Mach einen besseren Vorschlag für meinen Tod», bat sie Peter F.

Man war inzwischen mit der Vorsuppe fertig, hatte sich am Büfett bedient und saß vor reich gefüllten Tellern. Peter F. musterte Esther mit leicht zusammengekniffenen Augen. Das hätte ihr auffallen müssen, fiel ihr aber nicht auf. Wie konnte sie auch ahnen, dass Peter F. nach einer Möglichkeit suchte, sie zum Opfer eines Lustmordes zu machen? Und jetzt bot sie sich ihm als Opfer geradezu an.

Peter F. wandte seinen Blick von Esther ab und schaute durch die große Fensterfront des Hotelrestaurants aufs Meer hinaus. Da kam ihm die Idee. «Wir sind hier am Meer», sagte er zu Holger R., «bezieh es in deinen Roman ein.»

«Tu ich doch», sagte Holger R. «Die Christen meiner Gemeinde sind Fischer.»

Peter F.: «Geh noch einen Schritt weiter. Bezieh das Meer auch für den Mord an Esther ein.»

Esther schaute Peter F. erwartungsvoll an, und Holger R. fragte: «Wie meinst du das – das Meer für den Mord einbeziehen?»

Peter F.: «Lass Esther im Meer ertrinken. Herodion, als ehemaliger Soldat ein guter Schwimmer, zieht sie, eine Nichtschwimmerin, gegen ihren Widerstand mit sich ins Meer hinein. Dann lässt er sie los und beobachtet nur noch. Beobachtet ihren Todeskampf. Das ist neu für Herodion: einer Frau beim Ertrinken zuzuschauen. Das verschafft ihm ungeahnte Lust. Kannst du…» er wandte sich an Esther «gut schwimmen oder nicht?»

Esther: «Ich *kann* schwimmen, bin aber sehr ungeübt.»

Holger R. trat, ohne Verdacht zu schöpfen, in das Szenario ein. Er sagte: «Wir könnten den Mord zu dritt durchspielen. Esther verhält sich, als ob sie Nichtschwimmerin wäre, und wird von dir, Peter, gegen ihren Widerstand ins Meer hineingezogen. Ich schwimme nebenher und beobachte alles. Dann lässt du Esther los und beobachtest deinerseits ihren Todeskampf. Du tust das als Herodion. Als Psychopath, der dabei Lust empfindet. Wenn sie untergegangen ist, schwimmst du weg. Ich meinerseits schwimme herbei und rette sie.»

Peter F. wurde auf einem silbernen Tablett ein Mordszenario serviert, bei dem er nicht einmal Mörder sein würde. Esthers Tod, wenn er denn eintreten würde, ließe sich als Unfall darstellen. Als Folge eines Leichtsinns, den der Ehemann zu verantworten hatte. Und Esther machte leichtsinnig mit, sie sagte zu Peter F.: «Eine gute Idee hast du da!» Sie war schon dreimal ermordet worden, im Spiel, das vernebelt den Blick für die Gefahren eines Mord-Spiels. Ertrinken tut man schnell, viel schneller, als die Leute meinen. Peter F. brauchte mit Esther nur ein bisschen zu weit ins Meer hinauszuschwimmen und sich ein bisschen zu weit von dem mitschwimmenden Holger R. fernzuhalten.

Esther stand am Abgrund, aber sie wusste es nicht.

Die Teller waren mit Nachspeise gefüllt: Torte, Eis, Schokoladencreme, Früchte… Viel zu viel hatte sich jeder der drei aufgeladen. Aber sie kamen nicht zum Essen, eine Frau steuerte auf sie zu und rief schon von Weitem: «Hallo!» Ruth Grau. In ihrem Schlepptau: Karlfried. Ruth Grau baute sich vor Holger R. und Esther auf und fragte stolz: «Wie finden Sie meine Strandkleidung?»

Shorts in Lila, T-Shirt in Rosa, schlimmer ging es nicht. Die Shorts saßen außerdem zu knapp. Da zeigte eine ehemalige Pfarrfrau, deren Beine ein Leben lang von wadenlangen Röcken umhüllt gewesen waren, auf einmal ihre Oberschenkel.

Holger R. heuchelte: «Die Kleidungsstücke stehen Ihnen sehr gut, Frau Grau.» Und Esther nickte. Heuchelte, indem sie nickte. Etwas zu stark nickte, aber das fiel Ruth Grau nicht auf; sie setzte sich zu den dreien; ihrem Mann wies sie den Platz neben sich an. Und schickte ihn dann los, Vorsuppe zu holen: «Meinen Teller bitte reichlich füllen, Karlfried!»

Ruth Grau hatte sich nicht nur vor Holger R. und Esther aufgebaut, sondern auch vor Peter F. Der hatte sie zunächst verwundert, dann mit Interesse angeschaut. Und jetzt ließ er keinen Blick mehr von ihr. Mit dieser Frau stimmte etwas nicht, das spürte er. Der war etwas zu Kopf gestiegen, die war aus der Balance geraten. Wer war sie von ihrer Basis her? Peter F. brauchte nicht lange zu rätseln, die Frau fing an zu erzählen. Sie löffelte die Fischsuppe und erzählte dabei. Zuhörer war Peter F., der kannte ihre Vergangenheit und Gegenwart ja noch nicht. Wer *er* war, Peter F., danach fragte Ruth Grau nicht.

Ein Lustmörder zeichnet sich auch durch Zuhörqualitäten aus. Auf die greift er zurück, wenn er ein künftiges Opfer an sich binden will. Und so stieß Ruth

Grau zum zweiten Mal am selben Tag auf einen willigen Zuhörer. Pfarrfrau sei sie gewesen, teilte sie Peter F. mit, und sie sei auch im Ruhestand noch aktiv.

Peter F. versuchte, Pfarrfrau und lila Shorts und rosa T-Shirt zusammenzubekommen. Das gelang nicht, aber sein Interesse an der Frau wurde größer. Und seine Zuhörbereitschaft wurde es auch. Seinen Nachtischteller rührte er nicht an. Dafür wurde er reich belohnt. Er wurde mit in den Seniorenkreis genommen, mit in eine Zusammenkunft des Frauendienstes, dort gab es Kaffee und Kuchen, da hatte er seinen Nachtisch; er machte auch zwei Hausbesuche mit, drei Krankenbesuche. Jedes Mal wurde die Pfarrfrau mit dem entzückten Ausruf empfangen: «Wie lieb von dir, Ruth, dass du kommst!»

Peter F. empfand, was Holger R. als Zuhörer im Bus empfunden hatte: dass von ihm erwartet wurde, Bewunderung auszudrücken. Er stand dem Christentum fern, raffte sich aber zu der Bemerkung auf: «Ihr Verhalten, liebe Frau…»

Ruth Grau nannte ihren Namen.

«Ihr Verhalten, liebe Frau Grau, zeugt von wahrer christlicher Nächstenliebe.»

Ruth Grau schaute Peter F. dankbar an. Besonders, weil er gesagt hatte: «*Liebe* Frau Grau.» Peter F. wusste, dass er ab jetzt mit dieser Frau alles machen könnte. Er würde auch mit ihr schlafen können, doch das lag ihm fern. Aber es hatte sich wieder einmal gezeigt, dass ein Lustmörder auch ein bisschen Frauenflüsterer sein muss.

«VERLASS NIE, VOR ALLEN DINGEN nie ohne Begleitung, unser Fischerdorf», sagte Tychikos zu Esther. «Hier im Dorf bist du in Sicherheit, da wagt sich Herodion, falls er deine Spur findet und herkommt, nicht hinein.»

Esther: «Und nachts?»

Tychikos: «Du wohnst bei mir und meiner Frau, in unserer Hütte. Das ist ein ausreichender Schutz.»

Esther: «Herodion verfügt über große Körperkräfte.»

Tychikos lachte: «Schau mich an, sehe ich schwächlich aus? Na bitte. Außerdem würden bei einem Überfall sofort die anderen Fischer herbeieilen. Nein, auch bei Nacht würde Herodion es nicht wagen, in unser Dorf einzudringen.»

Die Fischer und ihre Frauen freuten sich über Esthers Ankunft; alle waren voller Erwartung; sie wussten noch nicht, was Prophetie ist; sie hatten davon gehört, aber noch keine Erfahrungen damit gemacht, ihre Gemeinde war ja noch sehr jung. Und jetzt hatten sie eine Prophetin! Sie hätten fast auch eine Diakonin bekommen, Ruth, aber die hatte Holger R. als Romanfigur gestrichen. Mit ihren lila Shorts und ihrem rosa T-Shirt hatte sie sich für den Dienst in der Gemeinde disqualifiziert.

«Wir Frauen haben 200 Schritte von hier eine Stelle am Meer, wo wir uns waschen können, ohne von den Männern beobachtet zu werden», bekam Esther von einer der Fischerfrauen erklärt. «Wir gehen dort morgens hin oder auch abends nach getaner Arbeit. Es ist eine kleine Bucht, zum Land hin sichtgeschützt durch Büsche und Bäume.»

Esther: «Ich kann nicht ins Wasser gehen, ich kann nicht schwimmen.»

Die Fischerfrau: «Das können die meisten von uns nicht. Aber das Meer ist dort sehr seicht, man kann ohne Bedenken weit hineingehen.»

Esther: «Danke für die Informationen. Ich lebe mich allmählich bei euch ein.» Was Esther *nicht* sagte, war: «Ich fühle mich trotz der freundlichen Aufnahme allein und heimatlos.»

Wenn eine noch sehr junge Prophetin in einer noch sehr jungen Gemeinde in eine Position hoher Verantwortung hineinwächst…

Tychikos ließ Esther gewähren; ja, er freute sich, dass sie mehr und mehr Aufgaben übernahm. Auch in der Wortverkündigung half sie mit. Abends in den Versammlungen hingen die Blicke der Frauen und Mädchen an ihren Lippen: eine Frau – so selbstbewusst? So vom Evangelium durchdrungen? Dieses sprudelte aus ihr heraus. So ist es, wenn man sich ganz und gar auf Jesus Christus einlässt, man wächst auch als Persönlichkeit. Egal, ob man Mann oder Frau ist. Und Esther ermunterte die Frauen und Mädchen, auch selber den Mund aufzutun. «Wer kann zum Abschluss mit uns beten? Du, Chloë?» Und Chloë betete. Zum ersten Mal öffentlich. Hinterher kam sie mit Freudentränen in den Augen zu Esther, ließ sich von ihr in die Arme nehmen und sagte: «Ich wusste nicht, dass ich so etwas kann.» Esther: «Jesus Christus macht aus uns, auch aus uns Frauen, neue Geschöpfe. Er verändert alles.»

Am nächsten Abend sprach Esther in der Versammlung über ein Wort des Apostels Paulus: «Wenn einer in Christus ist, ist er ein neues Geschöpf; das Alte ist vergangen; siehe, Neues ist geworden.»

Alles wird neu – *das* ist die Botschaft des Evangeliums. Christus in euch, Dynamik des Lebens. Er wirkt in euch durch seinen Geist. Jetzt werden Dinge möglich, die vorher unmöglich waren. Für Kranke beten, ja, das tat man in der Fischer-Gemeinde. Seit ihrer Gründung. Aber Kranke im Namen Jesu *heilen*? Wie ging das? – Bartholomäus litt, so war Esther erzählt worden, seit mehreren Wochen an unerklärlichen Ohnmachts- und Schwindelanfällen. Esther zu Chloë, mitten in der Versammlung: «Jesus hat in dich durch seinen Geist die Gabe der Krankenheilung hineingelegt. Begib dich zu unserem Bruder Bartholomäus, leg ihm die Hände aufs Haupt und sprich ihm im Namen Jesu Heilung zu. Wir anderen werden die Augen schließen und dich durch stilles Gebet unterstützen.»

*Das* ist urchristliche Gemeinde. Urchristliche Gemeinde ist eine Gruppe von Menschen, in denen der Geist wirkt. Von Esther, der Prophetin, sprang er auf die anderen über. Aber trotzdem: Esther fühlte sich weiterhin allein und heimatlos.

Esther durfte also das Fischerdorf nicht ohne Begleitung verlassen. Auch nicht, um die 200 Schritte zu der kleinen Bucht zu gehen, wo die Frauen sich wuschen? Nein, auch das nicht, sie musste sich anderen Frauen anschließen. Und wenn sie unbedingt allein sein wollte, weil sie die Spuren ihrer Monatsblutung beseitigen wollte?

Nur 200 Schritte weg vom Dorf, man würde im Ernstfall ihren Hilferuf hören. Es war abends, die anderen Frauen waren bereits von der Bucht zurückgekehrt, da ging Esther los. Wenn sie wenigstens Tychikos Bescheid gesagt hätte! Aber daran dachte sie nicht.

Die Büsche und Bäume an der kleinen Bucht gaben Sichtschutz, machten es aber auch möglich, dass sich dort jemand versteckte. Jemand, der Frauen beim Baden beobachten wollte. Auf den Gedanken, zwischen den Büschen und Bäumen nachzuschauen, ob dort jemand war, kam Esther nicht. Sie wiegte sich in Sicherheit, zog sich am Strand nackt aus und ging ins Meer. Als ihr das Wasser bis zu den Hüften reichte, wusch sie sich. Als sie sich umdrehte, um zurück zum Strand zu gehen, sah sie einen Mann. Der stand da und schaute auf sie. Esther stieß einen spitzen Schrei aus und verschränkte ihre Arme über ihren Brüsten. Der Mann drehte sich um und ging in Richtung Büsche und Bäume. Es handelte sich nicht um Herodion, sondern um einen Jüngling. Er gab Esther genügend Zeit, sich anzukleiden, dann trat er auf sie zu. «Ich bin Timotheus, ein

Schüler des Paulus», stellte er sich vor. «Mein Meister hat mich geschickt, um der Gemeinde von Euböa Grüße und auch einen Brief zu überbringen.»

Esther stellte sich ihrerseits vor.

Timotheus: «Ich weiß, wer du bist, ich kenne deine Geschichte. Man spricht überall in den Gemeinden von dir.»

Das war eine schlechte Nachricht. Dann würde auch Herodion über kurz oder lang wissen, wo sie, Esther, sich befand, und auf Euböa auftauchen.

Timotheus schien Esthers Gedanken zu erraten. «Wir werden durch Gebet einen Schutzwall um dich herum aufbauen, Schwester», sagte er. «Dann kann dir niemand etwas antun.»

Und wenn es im Urchristentum auch Verstiegenheit gab? Illusionen? Zu hoch gesteckte Erwartungen? Esther *wurde* letztendlich ermordet, trotz Schutzwall. Sie wurde aber erst ermordet, nachdem sie die Liebe kennengelernt hatte. Timotheus – Esther, nur zwei Wochen des Verliebtseins waren ihnen vergönnt, dann schlug… ja, wer schlug zu, das Schicksal, Satan? Auch im Urchristentum ging nicht alles glatt auf, da blieb vieles unerklärt stehen.

Aber zunächst: Timotheus und Esther. Sie gingen am Strand entlang auf das Fischerdorf zu. Sie wären in eine gemeinsame Zukunft hineingegangen, hätte Esther überlebt. Hätte, hätte, hätte… Warum hielt Gott nicht seine schützende Hand über Esther? Timotheus und Esther, das wäre ein weiteres urchristliches Ehepaar geworden, von dem Segensströme ausgegangen wären. Wie sie von Aquila und Priscilla ausgingen. Die Warum-Fragen… Warum musste Paulus mitten in seinem Dienst durch Hinrichtung aus dem Leben scheiden? Auch über ihn, seinen besten Zeugen, hätte Gott die Hand halten können! Warum-Fragen, aber keine Antworten. Oder gibt es doch so etwas wie eine Antwort, im vorletzten Kapitel des zweiten Korintherbriefs? *Damit ich, Paulus, mich bei dem Übermaß der Offenbarungen nicht überhebe, wurde mir ein Stachel für das Fleisch gegeben, ein Satansengel, auf dass er mich mit Fäusten schlage, damit ich mich nicht überhebe. Um dessentwillen habe ich dreimal den Herrn angefleht, dass er von mir ablassen möchte. Aber er hat mir erklärt: «Lass dir an meiner Gnade genügen; meine Kraft ist in den Schwachen mächtig.» Sehr gern will ich mich also meiner Schwachheit rühmen, auf dass die Kraft Christi sich auf mir niederlasse. Darum habe ich Wohlgefallen an Schwachheiten, an Schmähungen, an Notlagen, an Verfolgungen und Bedrängnissen um Christi willen; denn wenn ich schwach bin, dann bin ich stark.*

Esther zu Timotheus, noch auf dem Weg zum Fischerdorf: «Unsere Schwester Chloë hat unserem Bruder Bartholomäus, der an Ohnmachts- und Schwindelanfällen litt, im Namen Jesu Heilung zugesprochen, und er wurde gesund. Sie hat auch einem anderen Bruder, der blind ist, Heilung zugesprochen, und er wurde *nicht* gesund. Wie soll man das verstehen?»

Ja, wie soll man das verstehen? Der Professor für Neues Testament Holger R. erklärte es *seiner* Esther. Er sagte: «Bei Paulus werden Aufforderungen zur

Praktizierung von Glaubensvollmacht ausbalanciert durch Aussagen, die dazu anleiten, Erfahrungen der Ohnmacht auszuhalten. Der Apostel arbeitet dieses Balanceverhältnis nicht in distanzierter Nüchternheit, sondern in existentieller Betroffenheit heraus. Er war nämlich bis tief in seine Existenz hinein gezeichnet von jenem Spannungszustand, dass ihm einerseits im Glauben Macht verliehen war, Wunder zu tun, zum Beispiel Kranke zu heilen, und er andererseits vor Erfahrungen tiefster Ohnmacht nicht verschont blieb. Ein dialektisches Verhältnis zwischen Vollmacht und Leidensbereitschaft also, und das hatte Auswirkungen: Der Apostel vermochte in großen Gegensätzen zu denken und zu leben. Einerseits verleitete ihn sein Vollmachtsbewusstsein nicht dazu, sich der Illusion einer leidfreien Welt hinzugeben, und andererseits konnte seine Bereitschaft, sich von Leidenserfahrungen treffen und zur Reife und Erneuerung treiben zu lassen, sein Vollmachtsbewusstsein nicht dämpfen.»

Esther und Timotheus hatten das Fischerdorf erreicht. «Das ist unser Versammlungsraum», sagte Esther und deutete auf die Holzbaracke, die zum Trocknen der Fische verwendet wurde. «Die Baracke ist zum Meer hin offen, damit der Wind hineinstreichen kann.» Die beiden traten ein, Esther fuhr fort: «Wenn wir uns abends hier versammeln, bringen wir Hocker mit oder kauern uns auf den Boden. Den vielen Fisch in den Bassins und auf den Regalbrettern an den Wänden sehen wir nicht, wir schauen ja mit unseren *inneren* Augen. Und mit denen sehen wir Jesus und seine Wundertaten.»

Timotheus: «Du bist in der Wortverkündigung tätig, nehme ich an.»

Esther: «So ist es.»

Für zwei Wochen würde Esther *nicht mehr* in der Wortverkündigung tätig sein, da überließ sie ihren Platz Timotheus. Den hatte man gebeten, alles über Paulus und dessen Lehre zu berichten. Timotheus kam dieser Bitte gerne nach. Jeden Abend stand er mit glänzenden Augen da und erzählte und erzählte. Seine aufmerksamste Zuhörerin war Esther, sie hing gebannt an seinen Lippen. Und es ging ihr nicht nur um Paulus, sondern auch um Timotheus. Dem näherte sie sich durch Zuhören, jeden Abend etwas mehr. Und Timotheus näherte sich ihr durch Reden, ebenfalls jeden Abend etwas mehr. Er sprach im Grunde nur zu *ihr*, zu Esther. Schon nach drei oder vier Tagen gingen Verkündiger und Prophetin nach den Versammlungen gemeinsam an den Strand. Der Mond zauberte sein silbernes Licht auf die glatte Oberfläche des Meeres, die beiden jungen Leute umarmten und küssten sich – an den ersten Abenden zögernd noch, dann leidenschaftlich. Die Fischer und ihre Frauen wussten oder ahnten, was sich da abspielte, und blieben abends dem Strand fern. Sie wünschten in ihren Herzen dem jungen Paar alles erdenkliche Gute. Aber nichtsdestoweniger, Timotheus war in erster Linie nicht Liebender, er war Verkündiger und entfaltete Abend für Abend das Thema *Paulus – sein Weg und seine Lehre*.

*Paulus stammt aus Tarsus, einer verkehrsreichen Stadt im Süden Kleinasiens in der kilikischen Ebene. Damit ist Paulus Diaspora-Jude, dessen Familie sich außerhalb Israels angesiedelt hatte. Paulus ging freilich zu einem Studienaufenthalt nach Jerusalem; dort schloss er sich der Richtung der Pharisäer an. Er wurde ein eifriger Befolger des jüdischen Gesetzes. In Tarsus begegnete ihm allerdings auch heidnische Religiosität. Wenn Paulus Heiden das Evangelium predigt, weiß er also genau, was diese Menschen glauben und wie er bei ihnen ansetzen muss. Auch seine Schulung im jüdischen Gesetz wurde ihm zum Nutzen: Er kennt die heiligen Schriften, in denen der Wille Gottes niedergelegt ist, und kann von ihnen her argumentieren.*

*Paulus tat sich zunächst als Christenverfolger hervor. Die Christen leugneten das jüdische Gesetz als Heilsweg, sie hatten einen anderen Heilsweg, den Glauben an Jesus Christus. Das war für Paulus unerhört! Das war Leugnung all dessen, was einem frommen Juden heilig war! Hier musste man einschreiten! Aber Paulus wurde während seiner Verfolgung der Christen selber Christ. Das Evangelium überzeugte ihn.*

*Die Bekehrung des Paulus war gleichzeitig eine Berufung: er war ab sofort Missionar. Zunächst predigte er in den Gegenden östlich von Damaskus, im Reich der Nabatäer, aber dort hatte er noch nicht viel Erfolg. Nach etwa drei Jahren gab er diese Arbeit auf und zog sich nach Damaskus zurück. Er hatte sich während seiner Tätigkeit im Nabatäerreich Feinde gemacht, und ein Beamter des Nabatäerkönigs wollte ihn in Damaskus gefangen nehmen. Das führte zum ersten der vielen Abenteuer, die Paulus zu bestehen hatte: Flucht aus Damaskus in einem Korb, den man durch eine Luke an der Stadtmauer herabließ. Da hatte der Apostel noch einmal Glück gehabt! Ein Kurzbesuch in Jerusalem schloss sich an, Paulus nahm Verbindung zu Petrus auf. Petrus ließ den neuen Missionar gewähren, und der zog nun in die Gegenden von Syrien und Kilikien, also in Richtung seiner Heimat. Auch dort war er jahrelang tätig, jetzt mit etwas mehr Erfolg. Während dieser Zeit wurde er von Barnabas in die Gemeinde Antiochien geholt. Antiochien, die Hauptstadt Syriens, war mit einer halben Million Einwohnern nach Rom und Alexandrien die drittgrößte Stadt des Römischen Imperiums. Barnabas gehörte zu den Gründern der Gemeinde. Barnabas und Paulus – zwei Missionare, die jetzt zusammenarbeiteten. Sie unternahmen von der Basis Antiochien aus Missionsreisen, auf denen viel Abenteuerliches passierte und die sehr erfolgreich waren; viele Menschen bekehrten sich. Doch es blieb nicht so harmonisch, Paulus geriet in Streit mit den Uraposteln in Jerusalem. Er verkündigte ein gesetzesfreies Evangelium: Wer sich aus der Welt der Heiden Jesus Christus anschließen wollte, musste nicht etwa das jüdische Gesetz halten und sich beschneiden lassen. Für die Jerusalemer allerdings sah die Sache anders aus: Ein Heide musste zunächst in das jüdische Gottesvolk eingepflanzt werden (durch Beschneidung und Beobachtung des Gesetzes), und der Glaube an Jesus Christus kam dann noch dazu. Zwei verschiedene Konzeptionen vor Christsein! Man beschloss, die*

*Angelegenheit auf einer Konferenz in Jerusalem zu klären. Sie ließ sich aber nicht klären. Ergebnis der Diskussion war, dass man die Missionsfelder teilte: Paulus durfte in der Heidenwelt so weitermachen wie bisher und die Jerusalemer wandten sich den Juden zu. «Guter Kompromiss», ist man geneigt zu sagen, aber dieser Kompromiss hatte seine Tücken. Er berücksichtigte nämlich nicht die Situation in gemischten Gemeinden: Juden- und Heidenchristen in ein und derselben Gemeinde. Solch eine Gemeinde war Antiochien, und dort kam es zum Knall. Die dortigen Judenchristen hatten mit ihren heidenchristlichen Geschwistern Tischgemeinschaft und aßen dabei auch Speisen, die ein frommer Jude keineswegs essen durfte, also etwa Schweine- oder Hasenfleisch. Damit befanden sie sich auf der Linie des Paulus, der lehrte, dass die Einhaltung des jüdischen Ritualgesetzes für die an Christus Glaubenden nicht länger Voraussetzung für das Heil sei.*

*Das Miteinander beider Gruppen in der Gemeinde war so lange unproblematisch, wie keiner der Jerusalemer Urapostel auftauchte. Dann kam freilich Petrus in die Gemeinde. Aber auch jetzt gab es noch keine Probleme, denn Petrus war von dem blühenden Leben in der Gemeinde begeistert und vergaß alle Bedenken, die ihm seine theologische Position eigentlich hätte vorschreiben müssen: Er aß mit den Heidenchristen zusammen und bestätigte damit die antiochenische Praxis.*

*Dann tauchten jedoch weitere Autoritäten aus Jerusalem auf. Und sie griffen die Sitten in Antiochien an. Petrus schlug sich nun auf die Seite seiner Kollegen aus Jerusalem, er gab die gemeinsamen Mahlzeiten mit den Heidenchristen auf. Paulus warf ihm daraufhin Heuchelei vor. Er reagierte vor allem deshalb so erregt, weil er hier einen Angriff auf die Einheit des Leibes Christi sah. Doch die Gemeinde hörte nicht auf ihn, und selbst Barnabas beugte sich den Jerusalemer Autoritäten.*

*Paulus verließ daraufhin Antiochien und begann auf eigene Faust zu missionieren. Erst jetzt weitete sich sein Dienst zu einer Mission im Weltmaßstab aus. Der Apostel war nach seinem Weggang aus Antiochien beständig auf Reisen, gründete Gemeinden, sammelte Mitarbeiter um sich, schulte sie und sandte sie los mit Aufträgen.*

«Und du gehörst zu diesen Mitarbeitern des Paulus, zu seinen Gesandten!», rief Esther mitten in Timotheus' Vortrag hinein, die Wangen vor Aufregung gerötet. «Wie schön, dass wir dich bei uns haben können!»

Alle in der Holzbaracke schmunzelten. Sie dachten an die halb geheime Liebesgeschichte und sahen hier eine Führung durch Gott: Ein Mitarbeiter des Paulus wird so geleitet, dass er in Ausübung seines Dienstes seine künftige Frau findet. Umso schlimmer war wenig später die Ernüchterung: Warum kam es *so*? Warum brach Unheil über das junge Paar herein? – Aber noch war Timotheus mit seiner Vortragstätigkeit nicht am Ende. Er sprach an den nächsten Abenden über die *Lehre* des Paulus.

Er sprach über die Lehre des Paulus? – Immer wieder setzte Holger R. neu an zu schreiben, er wollte Timotheus sprechen lassen, aber es gelang ihm nicht. Immer sprach nur er selber, Holger R., sprach als Gelehrter, als Professor für Neues Testament. Er war unzufrieden mit sich selber. Theologisch wusste er sich auf der richtigen Spur, aber nicht literarisch. Sein Ansatz, Paulus zu verstehen, hob sich von dem der meisten Fachkollegen ab. Holger R. verstand Paulus in Anlehnung an Albert Schweitzer eher mystisch, nicht so sehr von der Rechtfertigungslehre her. Aber diese Denkfigur konnte man Timotheus unmöglich in den Mund legen, das würde nicht glaubhaft wirken. Holger R. schrieb sie dennoch auf, diese Denkfigur. Er wollte sie mit seiner Frau Esther diskutieren.

*Im Zentrum der Lehre des Paulus steht der gekreuzigte und auferstandene Christus. Mit Kreuz und Auferstehung Christi traten weltverändernde Kräfte auf den Plan, und im Glaubenden sind diese Kräfte wirksam. Paulus ist «in Christus»; in ihm erlebt er sich als ein Wesen, das der sinnlichen, sündigen und vergänglichen Welt enthoben ist und bereits der verklärten Welt angehört; «in Christus» ist sich Paulus auch der künftigen Auferstehung gewiss. Das Sein in Christus wird aber nicht als eine ruhende Teilhabe aufgefasst, sondern als Miterleben seines Sterbens und Auferstehens. Das Denken des Paulus kreist in hohem Maße um das Thema Alt und Neu. Wie kann aus Altem Neues werden? Die Heiden haben in ihren Mysterienreligionen eine Antwort gegeben: «Stirb und werde.» Die Götter der Mysterienreligionen durchlaufen ein Schicksal; sie sterben, wobei sie den Adepten mit in ihren Tod nehmen, und sie auferstehen wieder, wobei sie den Adepten mit in ihr neues Leben führen. Für Paulus ist diese Vorstellung, die er aus Tarsus kannte, im Schicksal Jesu geschichtliche Wirklichkeit geworden: Man muss mit Christus sterben, aber man gelangt mit ihm auch zur Auferstehung. Die historische Tatsache des Sterbens und Auferstehens Christi wirkt sich also an den Gläubigen aus. Im Unterschied zur Vorstellung in den Mysterien geht Paulus allerdings davon aus, dass auf die Gläubigen nach der Taufe ein stets neues Durchmachen des Sterbens und Auferstehens wartet.*

*Die weltumgestaltenden Kräfte, die in Jesu Sterben und Auferstehen in Erscheinung getreten sind, fangen also an, sich in Menschen einer bestimmten Menschheitsklasse existenzumwandelnd zu erweisen. Das ist allemal ein schmerzhafter Prozess; so ist denn auch die Theologie des Paulus über weite Strecken Leidenstheologie.*

*Die Zeit zwischen Jesu Auferstehung und seiner Wiederkunft scheint auf den ersten Blick noch natürliche Weltzeit zu sein. Dadurch, dass weltumgestaltende und existenzumwandelnde Kräfte wirksam sind, ist diese Zeit aber keineswegs mehr natürliche Weltzeit. Entscheidend für diese Periode ist nicht ihr äußeres Aussehen, sondern sind die in ihr wirkenden Kräfte. Auferstehungskräfte sind am Werk, Kräfte der übernatürlichen Welt. Man könnte auch sagen: Die*

*Periode zwischen Jesu Auferstehung und seiner Wiederkunft ist gekennzeichnet von einem Ineinander von natürlicher und übernatürlicher Welt, beide Welten sind ineinandergeschoben. Man könnte ferner einen Vergleich mit dem Geschehen im Theater anstellen; wie die Bühne sich hinter dem Vorhang verändert, so ist hinter dem stehengebliebenen äußeren Schein der Welt ihre Verwandlung in die übernatürliche im Gange.*

*Den Beweis für die Neuwerdung liefert das Geschehen in der Gemeinde. Hier ist Jesus Christus durch seinen Geist gegenwärtig und macht Menschen neu, macht auch das Miteinander von Menschen neu. Was in den Gemeinden geschieht, wie man in brüderlicher Liebe miteinander umgeht, wie jeder seine Begabungen ausleben kann, wie man sich als ein Leib versteht, als Leib Christi, das gibt es nirgendwo anders. Und dieses faszinierende Gemeinschaftsleben zieht die Menschen an; sie kommen und fragen: «Was ist euer Geheimnis?» Die Antwort lautet: «Es ist der gekreuzigte und auferstandene Christus.»*

Esther: «Dein Text gefällt mir, Holger. Aber ich sehe es wie du: Der Text ist eine theologische Abhandlung eines heutigen Gelehrten, nicht der persönliche, engagierte Vortrag eines Paulus-Mitarbeiters.»

Holger R.: «Wie kann er das werden?»

Esther: «Ganz einfach: Du musst Timotheus Zeugnis ablegen lassen. Zeugnis von seiner persönlichen Neuwerdung. Du musst ihn als Betroffenen reden lassen. Wie ist er selber in das Neuwerdungsgeschehen, das uns Gott in Jesus Christus anbietet, hineingezogen worden?»

Holger R., mehr zu sich selber: «Das ist es. Zeugnis ablegen… als Betroffener reden…» Und zu Esther: «Aber es ist schwer, von der theologischen Ebene wieder auf die literarische zu kommen.»

Esther, trocken: «Das ist dein Problem. Schließlich bist du der Schriftsteller. Streng dich an. Zeig, was du kannst.»

DAS HAT MAN DAVON, WENN MAN SICH mit seiner Frau berät und die zu einem sagt: «Streng dich an. Zeig, was du kannst.» Man arbeitet im Bungalow 14 die Nacht durch. Man will sich selber und seiner Frau beweisen, dass man ein guter Schriftsteller ist. Morgens um halb sechs fallen einem die Augen zu. Aber jetzt noch ins Bett gehen? Besser: sich im Swimmingpool frisch machen, dann mit Esther frühstücken; später am Strand kann man dösen oder schlafen.

Wer um halb sechs zum Swimmingpool geht, sollte meinen, dort alleine zu sein und in Ruhe seine Bahnen ziehen zu können. Aber Holger R. war am Swimmingpool nicht alleine, er traf dort auf Peter F. und Ruth Grau. Die beiden veranstalteten ein absonderliches Theater: Sie wateten im Nichtschwimmerbecken nebeneinander her und machten die Armbewegungen des Brustschwimmens, wobei Peter F. Ruth Grau immer wieder korrigierte. Ruth Grau trug ihren blümchengemusterten Bikini. Als sie Holger R. erblickte, winkte sie ihm fröhlich zu. «Peter bringt mir Schwimmen bei!», rief sie. «Wir sind jeden Morgen sehr früh hier, bevor Leute kommen und uns beobachten könncn.»

Peter F. fasste Ruth Grau, um ihre Bewegungen zu korrigieren, auch an – so vertraut waren die beiden inzwischen. Sie duzten sich auch. Holger R. schaute eine Weile zu, dann begann er im Schwimmerbecken seine Bahnen zu ziehen. Irgendwann standen Peter F. und Ruth Grau am Rand, und Peter F. sagte zu Holger R.: «Wir werden dir jetzt vorführen, was Ruth schon kann. Es wird ihr erster Kontakt mit dem Schwimmerbecken sein. Kannst du, Holger, neben uns schwimmen und helfen, falls es sein muss?»

Holger R.: «Selbstverständlich.»

Ruth Grau: «Aber ich habe Angst, in das tiefe Wasser zu steigen.»

Peter F.: «Es kann dir nichts passieren, zwei geübte Schwimmer sind da.»

Der eine geübte Schwimmer, der mit Ruth Grau so gut vertraute, begab sich ins Wasser und nahm vor der Leiter, die ins Becken führte, Rückenlage ein. Er fasste die herabsteigende Frau bei den Händen. So schwamm er mit ihr los, in Rückenlage, sie brauchte vorerst nur die Beinbewegungen zu machen. Holger R. schwamm nebenher und beobachtete. In der Mitte des Beckens sagte Peter F. zu Ruth Grau: «Nun lasse ich dich los und du machst auch die Armbewegungen. Wie du es gelernt hast.» Ruth Grau nickte tapfer, aber sobald Peter F. sie losgelassen hatte, geriet sie in Panik. Zu koordinierten Schwimmbewegungen war sie nicht fähig. Holger R. wollte eingreifen, aber Peter F. rief: «Lass sie es eine Weile versuchen! Sie *kann* schwimmen, sie soll es jetzt zeigen!» Alles, was Ruth Grau jedoch zeigte, war ein verzweifeltes Um-sich-Schlagen; und immer wieder versank ihr Kopf. Schreien konnte sie nicht; sie schluckte Wasser und brachte nur gurgelnde Laute hervor.

Warum griff Peter F. nicht ein? Er war doch unmittelbar neben der Frau. Schließlich, in letzter Minute, schwamm Holger R. vor Ruth Grau und bot ihr seinen Rücken und seine Schultern als Halt an. Sie krallte sich fest, Holger R. fühlte Fingernägel in seine Haut eindringen. Unter Aufbietung all seiner Kräfte schleppte er die Frau zum Beckenrand. Peter F. folgte nicht. Als Holger R. und Ruth Grau bereits aus dem Wasser gestiegen waren, befand er sich immer noch im Becken…

Schriftsteller sollten eine gute Phantasie haben; aber vielleicht war Holger R. doch mehr Theologe als Schriftsteller, jedenfalls kam ihm der Gedanke «Lustmord» nicht in den Sinn. Für ihn war es, wie für alle anderen des Olympia Beach, wie auch für die Polizei, ein Unfall. Eine Nichtschwimmerin, oder besser: eine Schwimmerin, die über die Anfangsgründe des Schwimmenlernens noch nicht hinaus war, hatte sich ins Schwimmerbecken gewagt und war dort ertrunken.

Und warum war auf einmal Peter F. nicht mehr da? Nirgendwo war er mehr zu sehen, dabei brauchte Holger R. ihn doch für das Durchspielen der Mordszene. Holger R. erkundigte sich an der Rezeption. Peter F. sei abgereist, wurde ihm mitgeteilt. Dringende berufliche Verpflichtungen…

Printed by Books on Demand GmbH, Norderstedt / Germany